FOR THE
IB DIPLOMA

by Concept

Spanish ab initio

GRAMMAR AND SKILLS WORKBOOK

Kasturi Bagwe
Monia Voegelin

HODDER
EDUCATION

ÍNDICE

1 Los sustantivos

Un sustantivo puede ser una persona, una cosa, un país, un objeto, etc. En español, los sustantivos tienen un género. Son masculinos o femeninos y sólo se distinguen por la terminación.

Conexión: Consulta la información sobre el género en el recuadro de Léxico de la página 5 del libro del estudiante.

Vamos a ver unas reglas para identificar si un sustantivo es masculino o femenino:

Masculino	Femenino
Cuando se refiere a los hombres o animales: *hijo, padre, caballero, gato*	Cuando se refiere a las mujeres o animales: *madre, hija, tía, gata*
Cuando se termine con -e: *dependiente, jefe*	Cuando se termine con -a: *profesora, cereza, chica*
Cuando se termine con -o: *año, armario, dinero*	Cuando se termine con -sión, -ción, -tad, -dad: *universidad, libertad, información*
Los días de la semana y los meses del año: *el lunes, el jueves, enero*	

Cada regla tiene ciertas excepciones:

Aunque la mayoría de las palabras que terminan en -a son femeninas, algunas palabras que terminan en -ma son masculinas.

Por ejemplo: *el problema, el clima, el tema*

¿Masculino o femenino?

1 Decide si cada palabra es masculina (M) o femenina (F).

1 profesor _____
2 niño _____
3 libro _____
4 Colombia _____
5 ventana _____
6 pizarra _____
7 apellido _____
8 historia _____
9 documento _____

10 hermano _____
11 árabe _____
12 correo _____
13 pelo _____
14 mapa _____
15 leche _____
16 póster _____
17 día _____
18 miembro _____

19 familia _____
20 cuaderno _____
21 gente _____
22 clima _____
23 idioma _____
24 flor _____
25 nación _____

El artículo

Conexión: Consulta la información sobre los tipos de artículo en el recuadro de Gramática (*Género y número*) de la página 36 del libro del estudiante.

Hay dos tipos de artículos en español:

Indeterminado	Determinado
un, una, unos, unas	el, la, los, las

Artículos determinados o indeterminados

2 Rellena el ejercicio con artículos determinados o indeterminados según convenga.

1 Tengo _____ hermano que se llama Enrique.
2 _____ padre de Carmen es médico.
3 En _____ mesa roja, hay _____ bolígrafos.
4 Estudio en _____ colegio bilingüe.
5 _____ de mis amigos es ruso y ese es _____ que me gusta mucho.
6 No me gusta _____ vestido rojo.
7 Necesito _____ libros de gramática.
8 Quito es _____ capital de Ecuador.
9 Juan es _____ nombre español muy común.
10 Guadalajara es _____ ciudad en _____ oeste de México.

Respuestas (Answers): www.hoddereducation.com/IBextras

El género y el número

Conexión: Consulta la información sobre el plural en el recuadro de Gramática de la página 5 del libro del estudiante.

Después de comprender el género, ahora vamos a ver cómo se cambia el número de personas y cosas en español.

Para las palabras que terminan en vocales, agregamos una -s.

Por ejemplo:
- *chico* ➜ *chicos*
- *elefante* ➜ *elefantes*

Excepción: *hindu* ➜ *hindus / hindues*

Para las palabras que terminan en consonantes, agregamos -es:
- *canción* ➜ *canciones*
- *flor* ➜ *flores*

Si una palabra termina en -z, se quita la -z y se agrega -ces:
- *pez* ➜ *peces*
- *luz* ➜ *luces*

El género y el número

3 Rellena la tabla con el masculino o el femenino y el singular o el plural de cada sustantivo.

Masculino singular	Femenino singular	Masculino plural	Femenino plural
hombre			
	madre		
		niños	
			tías
profesor			
actor			
	manzana		

2 Los adjetivos y pronombres

Adjetivos de nacionalidad

1 Rellena la tabla con el masculino y femenino de cada país.

País	Nacionalidad (masculino singular)	Nacionalidad (femenino singular)	Nacionalidad (masculino plural)	Nacionalidad (femenino plural)
Francia				
Estados Unidos				
		española		
			coreanos	
	americano			
Malasia				
	chino			

La comparación

> **Conexión:** Consulta la información sobre las comparaciones y sus patrones de la página 21 del libro del estudiante.

Se usa *más* o *menos* para expresar los superlativos.

El orden es: substantivo + adjetivos

Hay algunos que son irregulares:

Adjetivos	Comparativos
malo	peor
bueno	mejor
joven pequeño	menor
viejo grande	mayor

Por ejemplo:
- *el hombre alto*
- *el hombre más alto*
- *el chico más alto de su clase*

Oraciones comparativas 1

2 Usa las palabras de abajo para hacer tantas oraciones como puedas para hacer comparación. Por ejemplo: *Su novio estudia menos que su amiga.*

tiene	novio	tanto	estudia	menos	escuchan	guapo	amiga
esta	baja	enorme	chica	hay	amigable	complicada	tarea
fea	es	aburrido	triste	fácil	blanco	gato	felices
hombres	profesores	árbol	tanta	en la universidad	barato	genial	largo
más	peor	como	guapa	mayor	ratones	velocidad	corren

Respuestas (Answers): www.hoddereducation.com/IBextras

Oraciones comparativas 2

3 **Escribe oraciones con el verbo adecuado usando las estructuras de comparación (*es más... que / es menos... que*).**

1 Esta mesa / alta / la otra
2 El museo del Prado / moderno / el otro
3 México / grande / España
4 La profesora de Inglés / interesante / la profesora de ciencias
5 Viajar por el bus / largo / viajar por el tren
6 Mi familia / pequeña / tu familia
7 El pelo de Rodrigo / corto / el pelo de Roberto
8 Lucia / talentosa / Mario
9 El chico / desordenado / la chica
10 La casa de Miguel / antigua / la otra

Comparativo o superlativo

4 **Usa las palabras de la tabla del ejercicio 2 de la página 5 para rellenar las oraciones siguientes.**

Elige comparativo o superlativo.

Por ejemplo: *Mi amiga Carmen es la más baja de nuestro grupo.*

1 Mi amiga Carmen es _____ de nuestro grupo.
2 Los sábados son menos _____ que los domingos.
3 Los ratones son _____ que el gato.
4 Los problemas que nos da el profe de matemáticas son _____ de todos los profes.
5 La mujer más _____ del universo.
6 La biblioteca de ciencias parece ser _____ de la Universidad.
7 Se puede encontrar los zapatos más _____ del mercado aquí.
8 Tus ojos son _____ de la tierra.
9 La población de China es _____ del mundo.
10 Has visto la última película de Javier Bardem, ¡es _____ de su carrera!

Los adjetivos posesivos

Pronombres sujeto	Adjetivos posesivos	
yo	mi	mis
tú	tu	tus
él / ella / usted	su	sus
nosotros	nuestro	nuestros
nosotras	nuestra	nuestras
vosotros	vuestro	vuestros
vosotras	vuestra	vuestras
ellos / ellas / ustedes	su	sus

Los adjetivos posesivos 1

5 **Completa las oraciones.**

1 (yo) _____ perro

2 (ella) _____ idea

3 (él) _____ padre

4 (nosotros) _____ casa

5 (ellas) _____ ambiciones

6 (usted) _____ coche

7 (ustedes) _____ equipajes

8 (tú) _____ tío

9 (nosotras) _____ compañeros

10 (vosotras) _____ gatos

11 (yo) _____ amigas

12 (usted) _____ carne de conducir

13 (ella) _____ abuela

14 (nosotras) _____ escuela

15 (tú) _____ ojos

Los adjetivos posesivos 2

6 **Elige la respuesta correcta.**

1 Mi / Nuestras / Mis abuelos no están en la iglesia.

2 Su / Sus / Nuestro tíos son muy viejos.

3 Mi / Sus / Nuestras tía se llama Rafaela.

4 Mi / Nuestras / Vuestros hermanas son veterinarias.

5 Nuestro / Mis / Nuestros papá viene mañana a comer.

6 Mi / Nuestros / Sus hijo está divorciado.

7 Nuestro / Nuestra / Mis cuarto de baño es muy grande.

8 Sus / Mi / Nuestro casa está situada en el centro histórico.

9 Nuestra / Sus / Tu esposo es coreano.

10 Vuestro / Sus / Nuestra colegio estará cerrado durante las vacaciones.

Los pronombres posesivos

Pronombres sujetos	Pronombres posesivos			
	Masculino singular	**Femenino singular**	**Masculino plural**	**Femenino plural**
yo	(el) mío	(la) mía	(los) míos	(las) mías
tú	(el) tuyo	(la) tuya	(los) tuyos	(las) tuyas
él / ella / usted	(el) suyo	(la) suya	(los) suyos	(las) suyas
nosotros / nosotras	(el) nuestro	(la) nuestra	(los) nuestros	(las) nuestras
vosotros / vosotras	(el) vuestro	(la) vuestra	(los) vuestros	(las) vuestras
ellos / ellas / ustedes	(el) suyo	(la) suya	(los) suyos	(las) suyas

Los pronombres

7 **Transforma la frase utilizando el pronombre adecuado. Por ejemplo:**
Este es mi jersey. Este es el mío.

1 Estas son mis gafas.

2 Esa es su casa.

3 Es tu papel.

4 Son nuestros niños.

5 Son sus llaves.

6 Es su habitación.

7 No es tu casa.

8 No es mi coche.

9 Es vuestro apartamento.

10 Son sus alumnos.

7

Respuestas (Answers): www.hoddereducation.com/IBextras

Un diálogo

Completa el diálogo utilizando los pronombres o los adjetivos posesivos.

– ¡Hola Luis, ¡qué coche tan bonito!

– Sí, ¿te gusta? Es .... (1) modelo favorito en el mercado.

– .... (2) es rápido, pero .... (3) coche es más rápido.

– Me alegro que te guste, pero tienes que ver el de Jorge. .... (4) es el más rápido de todos.

– Aquí está Jorge. Seguro, me sorprendí al ver .... (5)

– ¡Hola Jorge!

– ¡Hola Luis! ¡Qué suerte tienes!

– Gracias, ¡pero no tanta suerte como tú! .... (6) coche es impresionante. Podemos intercambiarlo si un día estás aburrido.

– Jaja, ¡ni en tus sueños!

Los adjetivos demostrativos

Podemos usarlos para señalar objetos y personal a varias distancias (espacio o temporal) del hablando.

Por ejemplo: *Este vestido me gusta más que ese.*

	Masculino singular	Femenino singular	Masculino plural	Femenino plural
aquí	este	esta	estos	estas
ahí	ese	esa	esos	esas
allí (lejos)	aquel	aquella	aquellos	aquellas

Los adjetivos demostrativos 1

Completa la tabla.

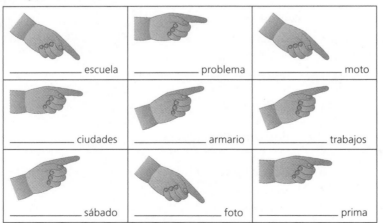

_____ escuela	_____ problema	_____ moto
_____ ciudades	_____ armario	_____ trabajos
_____ sábado	_____ foto	_____ prima

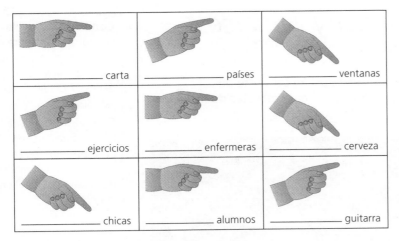

_____ carta	_____ países	_____ ventanas
_____ ejercicios	_____ enfermeras	_____ cerveza
_____ chicas	_____ alumnos	_____ guitarra

■ Los adjetivos demostrativos 2

10 Completa con el demostrativo adecuado.

1 ¿De quién son _____ calcetines?

2 Voy a comprarte _____ bolsa.

3 ¿Qué es _____? Parece un radio un poco especial, ¿no?

4 _____ tarde me voy a caminar. ¿Vienes conmigo?

5 Pásame _____ zapatos. Son los míos.

6 Quiero decorar mi departamento con _____ pinturas.

7 Quiero cambiar mis gafas por _____ de allí.

8 ¿Sabes si _____ autobús va al centro?

9 Javier, por favor, busca _____ libros en la biblioteca.

10 No me gusta _____ tienda, vamos a otra.

3 Los verbos *ser, tener* y *llamarse*

Descripción de una familia

1 Lee la descripción de la familia de Luis Fonsi, el cantante de "Despacito", y rellena el ejercicio con las formas correctas de los verbos *ser, tener* y *llamarse*.

Luis Alfonso Rodríguez López-Cepero .... (1) un cantante y actor puertorriqueño. .... (2) de la ciudad de San Juan. .... (3) 40 años. .... (4) famoso por su canción "Despacito". Su padre .... (5) Alfonso Rodríguez y su madre .... (6) Delia Tata López Copero. .... (7) dos hermanos menores. Uno de sus hermanos, Jean Rodríguez .... (8) cantante también. Su esposa .... (9) Águeda López. .... (10) modelo. .... (11) de España. Ellos .... (12) dos hijos. Su hija mayor .... (13) Mikaela y .... (14) 7 años. Su hijo .... (15) Rocco y .... (16) 2 años. Ellos .... (17) una familia feliz.

Conexión: Consulta la información sobre el verbo *ser* en el recuadro de Gramática de la página 7 del libro del estudiante.

Conexión: Consulta la información sobre el verbo *tener* en el recuadro de Gramática de la página 5 del libro del estudiante.

La cédula de identidad

2 Rellena la cédula de identidad de tu personaje favorito en el mundo hispanohablante.

Por ejemplo: Penélope Cruz, Gabriel García Márquez, Picasso, Salvador Dalí, Enrique Iglesias

Cédula de Identidad

Provincia de San Luis
REPÚBLICA ARGENTINA

CEDULA IDENTITAD PROVINCIAL ELECTRONICA

Apellido: ....
Nombre: ....
Nacionalidad: ....
Lugar de nacimiento: ....
Lugar de residencia: ....
Fecha de nacimiento: ....
Estado Civil: ....
Sexo: ....
Domicilio: ....

C.I.P.E. Nro: 11.111.111

4 Las reglas fundamentales

Ortografía: Uso de mayúsculas y minúsculas

Uso de mayúsculas

Cuando se usa	Cuando no se usa
● Nombres y apellidos de personas o de instituciones, por ejemplo: *Jaideep Nadal, la Real Academia Española*	● Nombres de cargos públicos, por ejemplo: *el rey, el ministro*
● Al principio de una frase, después de dos puntos, por ejemplo: *Querido amigo:* **T**e escribo…	● Las nacionalidades, por ejemplo: *somos indios*
● Nombre proprio de cosas, por ejemplo: *la Zara*	● Los nombres genéricos de monumentos, por ejemplo: *el palacio de Madrid*
● Nombre de países o de lugares, por ejemplo: **B**élgica, **I**ndia, **P**orto	● Los nombres genéricos geográficos, por ejemplo: *la cordillera*
● Signos, símbolos, abreviaturas, por ejemplo: *ONU, OTAN*	

Letras minúsculas y mayúsculas

1 Corrige los errores en las siguientes oraciones. Corrige el uso de mayúsculas o minúsculas.

1 hoy es Jueves.

_____

2 el es mi amigo, mario.

_____

3 sra. carmen es nuestra profesora nueva.

_____

4 En Octubre vamos a españa.

_____

5 el 25 de Diciembre, se celebra la navidad.

_____

6 me gusta mucho el museo de la reina sofía en madrid.

_____

7 ¿te gusta el libro "esperanza renace"?

_____

8 el rey felipe vi es el rey actual de españa.

_____

9 Quiero ir a la patagonia.

_____

10 la paella es un plato típico de valencia.

_____

11

Respuestas (Answers): www.hoddereducation.com/IBextras

Ortografía: Las reglas de acentuación

El acento permite determinar el énfasis fonético en la pronunciación de una sílaba. Se representa mediante una tilde (´) que se coloca sobre una vocal (á, é, í, ó, ú).

Palabras que llevan tilde	Palabras que no llevan tilde
Él (pronombre personal) *Él es mi hermano.*	**El** (artículo definido) *Este es el libro de gramática.*
Tú (pronombre personal) *¿De dónde eres tú?*	**Tu** (adjetivo posesivo) *¿Es esta tu bolsa?*
Sí (afirmación) *Sí, soy el estudiante nuevo.*	**Si** (condicional) *Si te gusta, cómpralo.*
Papá (padre) *Mi papá es profesor.*	**Papa** (patatas) *Me gustan las papas.*
Mamá (madre) *Esta es mi mamá.*	**Mama** (pecho) *El cáncer de mama es muy común.*
Mí (pronombre personal) *¿Es este regalo para mí?*	**Mi** (el adjetivo posesivo) *Este no es mi móvil.*
Sé (la primera persona de saber) *Lo sé.*	**Se** (pronombre reflexivo) *Se levanta a las 6.00.*
Té (la bebida) *Quiero un té bien caliente.*	**Te** (pronombre reflexivo) *¿Cómo te llamas?*
¿Por qué? (pregunta) *¿Por qué te gusta?*	**Porque** (causa) *Estoy en casa porque estoy enfermo.*

5 Los interrogativos

- Personas / cosas: *¿Qué? ¿Cómo?*
- Fecha / tiempo: *¿Cuándo?*
- Lugar: *¿Dónde? ¿De dónde?*
- Cantidad de personas / cosas: *¿Cuánto? ¿Cuánta? ¿Cuántos? ¿Cuántas?*
- Personas: *¿Quién? ¿Quiénes?*
- Cosas: *¿Cuál? ¿Cuáles?*
- Para preguntar la razón: *¿Por qué?*

Los interrogativos

1 **Rellena los espacios con el interrogativo adecuado.**

1 ¿_____ se llama tu hermana?

2 ¿_____ viven tus abuelos?

3 ¿A _____ se dedica tu hermano? Es médico.

4 ¿_____ cuesta un kilo de naranja?

5 ¿_____ son tus aficiones?

6 ¿_____ es tu cumpleaños?

7 ¿De _____ es tu profesor de español? Es de Italia.

8 ¿_____ años tiene tu padre?

9 ¿_____ son Marta y Juan? Son amigos de Carmen.

10 ¿_____ es tu color favorito?

11 ¿A _____ hora es tu clase de español?

12 ¿_____ está tu padre ahora? Está mucho mejor.

13 ¿_____ personas hay en tu familia?

14 ¿_____ es Enrique Iglesias? Es un cantante famoso.

15 ¿De _____ es este suéter? Es de Rosa.

Respuestas (Answers): www.hoddereducation.com/IBextras

6 El presente de indicativo

Cuando se utiliza *ser* y *estar*

Conexión: Consulta la información sobre el verbo *ser* en el recuadro de Gramática de la página 7 del libro del estudiante.

Conexión: Consulta la información sobre el verbo *estar* en el recuadro de Gramática de la página 36 del libro del estudiante.

Ser	Estar
Para hablar de cualidades o de características normales de algo o alguien. Por ejemplo: • *Juan es muy perezoso.* • *Doña Luisa es adorable.* • *Las bananas son amarillas.*	Para hablar de cualidades o de características temporales. Por ejemplo: • *Hoy, estoy pachucho.* • *Hoy, el cielo está nublado.*
	Para indicar cambio. Por ejemplo: • *Ahora, Orgaz está en forma.* • *Flora está muy guapa en su vestido.*
Para indicar el momento de un evento o un lugar. Por ejemplo: • *El bautismo es en la iglesia de la Candelaria a las diez.*	Para indicar la posición o el lugar de alguien o algo. Por ejemplo: • *La iglesia de la Candelaria está en el centro histórico de Bogotá.* • *Los libros están encima de la mesa.*

■ *Ser* o *estar*

1 **Rellena el siguiente ejercicio utilizando la forma correcta de los verbos *ser* o *estar* en el presente.**

1 Él _____ francés.

2 Él no _____ aquí.

3 Tú _____ una persona muy educada.

4 Los estudiantes _____ en la cafetería.

5 ¿A qué hora _____ el concierto?

6 Mi padre _____ enfadado con mi hermano.

7 _____ en el mes de octubre.

8 El banco _____ cerrado.

9 Vosotros _____ actores geniales.

10 San José _____ la capital de Costa Rica.

11 Mi profesora _____ aburrida.

12 Yo _____ médico.

13 Hoy _____ viernes.

14 Tú _____ católica.

15 Ella _____ muy feliz hoy.

Ser, estar, haber y tener

Con el verbo *haber*, se utilizan los artículos indeterminados (*un*, *una*, *unos*, *unas*).

Con el verbo *estar*, se utilizan los artículos definidos (*el*, *la*, *los*, *las*).

Conexión: Consulta la información sobre el verbo *ser* en el recuadro de Gramática de la página 7 del libro del estudiante.

Conexión: Consulta la información sobre el verbo *estar* en el recuadro de Gramática de la página 36 del libro del estudiante.

Conexión: Consulta la información sobre el verbo *tener* en el recuadro de Gramática de la página 5 del libro del estudiante.

■ Descripción de una casa

2 **Para describir nuestra casa podemos utilizar el vocabulario de la casa y los verbos *ser*, *estar* y *tener* y la forma impersonal del verbo *haber* (*hay*).**

Yo .... (1) una casa grande y acogedora. .... (2) dos plantas. Como a mi madre le encantan las flores y plantas, ... (3) un jardín hermoso alrededor de nuestra casa. En la primera planta, ... (4) una sala enorme, una cocina, un comedor y un baño. En la segunda planta, ... (5) tres cuartos, un despacho y tres baños. Los baños no .... (6) pequeños. Cada dormitorio .... (7) un balcón. La sala .... (8) espaciosa. La sala tiene dos sofás, un televisor inteligente y muchos más bibelots*. En los sofás, ... (9) unos cojines cómodos. Entre los sofás, ... (10) una mesa de madera del estilo antiguo. Al lado de los sofás, ... (11) un sillón amarillo. Me gusta sentarme y leer en ese sillón. La parte más importante de nuestro hogar .... (12) la cocina. A todos nos encanta comer. La cocina parece pequeña pero no lo .... (13). .... (14) muy moderna con muchos gabinetes y cajones. También .... (15) un frigorífico, un microondas y un horno.

En la segunda planta, ... (16) tres dormitorios. El dormitorio de nuestros padres .... (17) el más grande. Cada dormitorio .... (18) diferente según el gusto de cada uno. Por lo general, en cada uno, ... (19) un televisor pequeño en la pared. .... (20) una cama grande. Al lado de la cama, ... (21) la mesita de noche. En mi dormitorio y en el de mi hermano, ... (22) los escritorios en que estudiamos.

.... (23) muchas estanterías con libros y muchas otras cosas. .... (24) un jardinero que viene una vez a la semana para limpiar el jardín. En el jardín, tenemos una mesa con sillas. A veces, nos gusta tomar un café en el jardín al aire libre. A todos nosotros, nos gusta pasar mucho tiempo juntos en nuestra casa, nuestro mundo.

*bibelot es una palabra de origen francés que se usa para describir los objetos pequeños e inútiles que ponemos en las muebles para adornar

■ Descripción de una casa: tu modelo

3 **Dibuja el plano de la casa de arriba.**

15

La conjugación del presente

Conexión: Consulta la información sobre el presente de indicativo en el recuadro de Gramática de la página 54 del libro del estudiante.

■ Los verbos regulares del grupo -ar en el presente

4 Rellena los espacios en cada una de las siguientes oraciones con la conjugación del verbo en paréntesis.

1 Está lloviendo muchísimo. ¿Por qué no _____ (cancelar, nosotros) la clase hoy?

2 Yo _____ (amar) mucho a mi familia.

3 Mis padres _____ (bailar) el tango muy bien.

4 Mi abuela y yo _____ (caminar) tres veces a la semana en el parque. Es saludable.

5 Pepa _____ (anotar) todo lo que dice la profesora.

6 Me gustan los diseñadores internacionales. _____ (Diseñar) ropa original y estilosa.

7 ¿_____ (Participar) ustedes en el concurso de matemáticas? Es divertido.

8 Ya no _____ (saltar) a la comba. No sé por qué, pero no puedo.

9 Los exámenes están a la vuelta de la esquina. Es mejor si _____ (tomar, vosotros) los estudios en serio.

10 ¿En qué _____ (trabajar, tu padre)?

11 El profesor nos _____ (explicar) las reglas de gramática mil veces. Es muy paciente.

12 Los niños de esta generación no les _____ (escuchar) fácilmente a los padres. Son muy rebeldes.

13 Mis abuelos nos _____ (adorar) con todo el corazón. Son muy majos.

14 Mi madre _____ (ayudar) a mi papá en las tareas de la casa.

15 Carlos _____ (estudiar) todos los días. Es muy dedicado.

■ Los verbos regulares del grupo -er en el presente

5 Rellena los espacios en cada una de las siguientes oraciones con la conjugación del verbo en paréntesis.

1 ¿_____ (Beber, tú) leche todas las mañanas?

2 Mi bisabuela me _____ (leer) un cuento cada noche antes de dormir.

3 Mis amigos _____ (comer) siempre en la cafetería.

4 No _____ (deber, tú) llegar tarde. Es necesario ser puntual.

5 Elías nunca _____ (responder) los mensajes inmediatamente.

6 No _____ (comprender, yo) nada en la clase de geografía.

7 ¿Qué tipo de ropa _____ (vender, ellos) en esa tienda?

8 No _____ (creer, ellos) en Dios.

9 ¿Por qué no _____ (aprender, ustedes) español? Es la segunda lengua más hablada del mundo.

10 _____ (Correr, yo) una hora cada día en el parque cerca de mi casa.

■ Los verbos regulares del grupo -ir en el presente

6 Rellena los espacios en cada una de las siguientes oraciones con la conjugación del verbo en paréntesis.

1 ¿A qué hora _____ (abrir) las tiendas aquí?

2 _____ (Escribir, yo) poemas en inglés y en español.

3 ¿(Subir, yo) _____ la temperatura del aire? Hace mucho frío.

4 ¿Dónde _____ (vivir) usted?

5 El mensajero solo _____ (repartir) objetos pequeños.

6 La geografía me _____ (aburrir) un montón.

7 ¿Tú y tu hermano _____ (compartir) el dormitorio?

8 Nosotros _____ (discutir) todo antes de tomar una decisión.

9 Carmen _____ (resistir) todo menos la tentación de comer un helado.

10 ¿Me _____ (partir, tú) la barra de pan por la mitad, por favor?

El presente de indicativo con cambios vocálicos

Conexión: Consulta la información sobre eso en el recuadro de Gramática de las páginas 58–59 del libro del estudiante.

En el presente de indicativo, hay varios tipos de verbos irregulares. Primero, vamos a estudiar los verbos con cambios vocálicos.

-ar	-er	-ir
e → ie, por ejemplo: *pensar* o → ue, por ejemplo: *recordar*	e → ie, por ejemplo: *querer* o → ue, por ejemplo: *poder*	e → ie, por ejemplo: *preferir* o → ue, por ejemplo: *dormir* e → i, por ejemplo: *repetir*

Verbos con cambios vocálicos *o → ue*

7 **Conjuga el verbo en paréntesis. Presta atención al cambio vocálico.**

1 _____ (Almorzar, yo) a la una en la cafetería de mi colegio.

2 Mi abuela nos _____ (contar) un cuento de hada cada noche.

3 No _____ (encontrar, ellos) las llaves de su casa.

4 _____ (Probar, nosotros) la comida local de cada región cuando viajamos.

5 Mi hermana _____ (soñar) con ser bailarina.

6 ¿Cuánto _____ (costar) estos zapatos?

7 Nunca _____ (recordar, tú) mi cumpleaños. Estoy muy enfadado.

8 ¿ _____ (Poder, yo) ver ese vestido rojo?

9 ¿A qué hora _____ (volver) tus padres?

10 ¿Por qué no _____ (dormir, tú)? Es muy tarde.

Verbos con cambios vocálicos *e → ie*

8 **Conjuga el verbo en paréntesis. Presta atención al cambio vocálico.**

1 ¿A qué hora _____ (comenzar) tus clases?

2 Mi madre y yo _____ (preferir) comer pescado más que la carne.

3 ¿Qué _____ (querer, tú) hacer en el futuro?

4 ¿Quién _____ (fregar) los platos en tu casa?

5 _____ (Pensar, yo) que tienes toda la razón.

6 Los bancos _____ (cerrar) a las 3 de la tarde.

7 ¿Por qué _____ (defender, tú) a tu hermano?

8 _____ (Sentir, yo) que va a llover hoy. El cielo está nublado.

9 Siempre _____ (mentir, vosotros) y luego pedís perdón. Ya no puedo confiar en vosotros.

10 ¿Qué _____ (sugerir) ustedes? ¿Qué debemos hacer en esta situación?

Verbos con cambios vocálicos *e → i*

9 **Conjuga el verbo en paréntesis. Presta atención al cambio vocálico.**

1 Me gustan los vestidos que _____ (elegir) mi padre.

2 Si _____ (seguir) así, no vas a aprobar el examen.

3 Le _____ (pedir, yo) la cuenta al camarero. Es muy tarde.

4 Soy muy baja, _____ (medir) 1m 55.

5 Confío en ella. Siempre _____ (decir) la verdad.

6 Las profesoras son muy majas. Siempre _____ (repetir) la explicación cuando se la pedimos.

7 Te _____ (corregir, yo) la tarea de inglés y tú me tienes que ayudar con las matemáticas.

8 Este restaurante _____ (servir) comida de varias partes del mundo.

9 Si quieres competir, es mejor si _____ (competir) contigo mismo.

10 ¿Por qué siempre os _____ (reír, vosotros) de ella?

Respuestas (Answers): www.hoddereducation.com/IBextras

Verbos irregulares en la primera persona

Conexión: Consulta la información sobre eso en el recuadro de Gramática de las páginas 58–59 del libro del estudiante.

Solo son irregulares en la primera persona. Las conjugaciones de otras personas son regulares.

En el presente de indicativo, también hay varios verbos que son irregulares sólo en la primera persona.

■ Verbos irregulares solo en la primera persona

10 Conjuga los verbos en el ejercicio siguiente.

1 _____ (Hacer, yo) algunas tareas de casa cada día.
2 Mi hermano _____ (poner) la mesa cada noche para la cena.
3 No _____ (saber, yo) nada de la cultura española.
4 Mi familia y yo _____ (salir) al centro comercial cada domingo.
5 La habitación _____ (oler) a comida.
6 ¿Por qué _____ (decir, vosotros) mentiras?
7 No _____ (conocer, yo) la ciudad de Madrid.
8 _____ (Ver, ellas) una película cada fin de semana.
9 Nunca _____ (coger, yo) el tren. Va llenísimo.
10 ¿Quiénes _____ (venir) a la fiesta de hoy?
11 Mi abuelo no _____ (oír) bien. Tiene problemas de oídos.
12 Es mejor si _____ (decir) lo que piensas. No debes esconder tus sentimientos.
13 Te _____ (corregir, yo) por tu bien. No debes sentirte mal.
14 ¿_____ (Saber, tú) algo de Lucia?
15 Normalmente _____ (elegir, yo) vestidos del color rojo. Es que me gusta mucho el rojo.

Los verbos reflexivos

Conexión: Consulta la información sobre eso en el recuadro de Léxico de la página 61 del libro del estudiante.

Conexión: Consulta la información sobre los verbos reflexivos en el recuadro de Gramática de la página 62 del libro del estudiante.

■ Los verbos reflexivos

11 Conjuga los verbos en el ejercicio siguiente.

1 Marta _____ (levantarse) a las 7 de la mañana cada día.
2 Mis hermanas _____ (maquillarse) al menos dos o tres veces al día.
3 _____ (Despertarse, yo) a las 5.30 pero no tengo ganas de levantarme hasta las 6.00. Soy perezoso.
4 ¿Siempre _____ (acostarse, tú) a la misma hora?
5 Antes de acostarme, muchas veces _____ (ducharse, yo).
6 Mi hermana _____ (cepillarse) los dientes cada vez que come algo.
7 ¿Por qué _____ (enojarse, tu) tan fácilmente? Debes ser más paciente.
8 Alejandro no _____ (quejarse) de nada. Es muy flexible y comprensivo.
9 Cuando estoy agotada, no _____ (dormirse) enseguida.
10 _____ (Divertirse) mucho cuando estamos todos juntos.
11 Mis amigos y yo _____ (verse) frecuentemente en el parque.
12 ¿Cómo _____ (sentirse, tú) hoy?
13 _____ (Lavarse, yo) el pelo por las noches para no perder tiempo en la mañana.
14 Me gusta la manera de que _____ (vestirse) Raquel. Siempre lleva ropa elegante.
15 No tardo mucho en arreglarme por las mañanas. Me levanto y enseguida _____ (bañarse), _____ (ponerse) el uniforme, _____ (peinarse) el pelo y me siento a desayunar con mis padres.

La rutina diaria: Un día en la vida de Monia

12 Lee el texto acerca de la vida de Monia y completa los espacios con los verbos en el recuadro. Es necesario conjugar los verbos.

ser (4 veces) levantarse (2 veces) ver (2 veces) pasear despertarse ponerse desayunar salir (2 veces)
acostarse preparar llamarse lavarse hacer (4 veces) enseñar vivir tener (2 veces) empezar (2 veces)
regresar (2 veces) jugar cenar cepillarse (2 veces) tomar terminar hablar bañarse

Hola, ... (1) Monia Rodríguez, ... (2) de Badojas pero de momento .... (3) con mis padres en el barrio de Santacruz en Sevilla. .... (4) 12 años y voy a un colegio internacional. Mi padre .... (5) médico y .... (6) su propio hospital. Mi madre .... (7) maestra y .... (8) matemáticas en mi colegio. Entre los tres, ... (9) una rutina bastante ocupada pero los fines de semana .... (10) un poco más relajados.

Entre semana yo .... (11) a las siete, pero no .... (12) hasta las siete y cuarto. Mis padres .... (13) mucho más antes a las cinco y media y .... (14) footing una hora en el parque cerca de mi casa. Después de levantarme, ... (15) los dientes y .... (16) un vaso de leche con chocolate. Luego .... (17) rápido y .... (18) el uniforme. Mi padre .... (19) el desayuno mientras mi madre .... (20) tareas domésticas. Los tres .... (21) juntos. Normalmente .... (22) cereales con tostadas y café. Mi madre y yo .... (23) juntos a las ocho menos cuarto para ir a la escuela. Mi padre .... (24) un poco más tarde a las ocho y cuarenta y cinco. Mi colegio .... (25) a las ocho y veinte y .... (26) a las cuatro y diez. Tenemos un recreo a las once y almorzamos a las doce y media. Las clases .... (27) otra vez a la una y media. Después de mis clases .... (28) a casa a las cuatro y media con mi madre. .... (29) mis deberes y .... (30) al fútbol o tenis con mis amigos en nuestro barrio. Mi padre .... (31) a casa un poco tarde a las ocho. Nosotros .... (32) juntos a las ocho y media. La cena es normalmente ligera; una ensalada o pescado frito o una sopa. Después de cenar, nosotros .... (33) la televisión o .... (34) sobre nuestro día. A veces .... (35) en el parque cuando hace buen tiempo. Antes de irme a la cama, siempre .... (36) la cara y .... (37) los dientes. También .... (38) mi mochila para el día próximo. Es un buen hábito que mi madre me enseñó desde mi infancia. ¡Así es un día en mi vida!

El verbo *gustar*

Gustar

13 Elige la opción correcta del verbo *gustar*.

1 A Elena, no le gusta / les gustan / le gustan nada los perros.

2 A nosotros, nos gusta / les gustan / nos gustan aprender la lengua española.

3 A mí, me gusta / me gustan / me gusto mucho beber en las fiestas.

4 ¿A vosotros, no os gustan / nos gusta / os gustáis las frutas?

5 A ellas, les gusta / le gusta / les gustan jugar a los videojuegos.

6 A Carlos y Catalina, nos gusta / les gustan / les gusta las películas francesas.

7 A ti, Youri, ¿qué te gustas / te gusta / te gustan?

8 A nosotras, nos gustamos / nos gustan / nos gusta las series.

9 A ti, te gustas / te gusta / te gustan tocar el piano.

10 ¿A vosotras, no nos gusta / les gustan / os gusta el invierno?

> **Conexión:** Consulta la información sobre el verbo *gustar* en el recuadro de Gramática de la página 28 del libro del estudiante.

Respuestas (Answers): www.hoddereducation.com/IBextras

Otros verbos que funcionan como *gustar*

Conexión: Consulta la información sobre los pasatiempos en la página 56 del libro del estudiante.

■ En mi tiempo libre

14 **Utilza la forma correcta de los verbos *gustar, encantar e interesar.***

En mi tiempo libre me .... (1) (gustar) pasear en BTT y también me .... (2) (gustar) hacer excursiones por el bosque o en las montañas porque me .... (3) (encantar) la naturaleza. En verano no me .... (4) (gustar) mucho ir a la playa para tomar el sol, prefiero quedarme en casa. Especialmente cuando hace mal tiempo me .... (5) (gustar) leer un libro en mi Kindle o ver una buena serie en Netflix. Me .... (6) (interesar) los documentales, porque normalmente son historias reales y a mí, la violencia de las películas de acción no me .... (7) (gustar) nada.

Los fines de semana me .... (8) (encantar) encontrarme con mis amigos para tomar una copa o para ir de tapas. A veces, nos .... (9) (gustar) ir a bailar porque a todas nos .... (10) (encantar) bailar en las discotecas del centro. En conclusión, no me .... (11) (interesar) quedarme sola en casa el sábado por la noche.

■ Oraciones con errores

15 **Corrige los errores en las siguientes oraciones y re-escribe las oraciones.**

1 Yo soy voy al teatro con tu. _____
2 Hay es una mesa en el salón. _____
3 Tengo una ensalada para la cena. _____
4 Ella gusta bailar mucho. _____
5 Es necesita a comer cada dos horas. _____
6 Queremos a ir a España. _____
7 No me gusta qué haces. _____
8 La clase hay muchos alumnos. _____
9 Mi padre es un doctor. _____
10 Esta canción es muy bien. _____

Tipo de texto: el correo electrónico informal

Conexión: Consulta el ejemplo de un correo electrónico en la página 18 del libro del estudiante.

Formato y convenciones del correo electrónico informal
- El correo electrónico del remitente (en español)
- El correo electrónico del receptor (en español)
- El asunto pertinente al tema
- La fecha en español (14 de octubre de 2019)
- Saludos y nombre de la persona a quién se dirige (en español)
- Una introducción pequeña
- El cuerpo
- La despedida
- El nombre de la persona que escribe el correo.

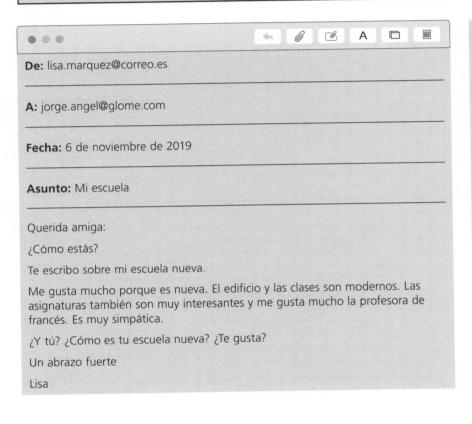

De: lisa.marquez@correo.es

A: jorge.angel@glome.com

Fecha: 6 de noviembre de 2019

Asunto: Mi escuela

Querida amiga:

¿Cómo estás?

Te escribo sobre mi escuela nueva.

Me gusta mucho porque es nueva. El edificio y las clases son modernos. Las asignaturas también son muy interesantes y me gusta mucho la profesora de francés. Es muy simpática.

¿Y tú? ¿Cómo es tu escuela nueva? ¿Te gusta?

Un abrazo fuerte

Lisa

Alternativas para tener éxito

Saludos:
- Hola
- Buenos días,
- Buenas tardes
- ¿Qué tal?

Cuerpo:
- Hace mucho tiempo que no tengo noticias de ti.

Despedidas:
- Hasta luego
- Hasta pronto
- Un beso

Respuestas (Answers): www.hoddereducation.com/IBextras

Un correo electrónico para tus amigos

16 Escribe un correo electrónico a tu amigo. Explica de dónde son tus nuevos amigos y el horario de clase en tu escuela nueva del IB. Escribe entre 80 y 150 palabras.

_____

_____

_____

_____

_____

_____

_____

_____

_____

_____

_____

_____

_____

_____

_____

_____

_____

_____

_____

_____

_____

_____

_____

_____

_____

_____

_____

_____

_____

_____

_____

_____

_____

Tipo de texto: el mensaje de texto en un foro

En un foro de cualquier tema, hay un formato que se debe seguir.

Mira como hacen las personas que participan en el foro:
www.mushofutbol.com

Formato y convenciones de un nuevo mensaje

Aquí está el formato y lo que se debe incluir:
- Asunto
- Nombre: puede ser un apodo / un *nickname*
- Apellidos
- Dirección electrónica que es el correo electrónico
- Una caja intitulada "Texto del mensaje":
  - Debe ser breve (70 palabras)
  - Depende del foro y del contexto, puede ser formal / informal
  - Escribe tu respuesta / pregunta / reacción sobre el tema
- Un botón "enviar formulario"

Un mensaje en un foro de fútbol

17 **Eres aficionado al equipo del Atlético de Madrid. Quieres organizar un evento con otros participantes del foro. Escribe un mensaje para explicar tu idea. Menciona el lugar, la hora y la fecha. Escribe entre 70 y 100 palabras.**

_____

_____

_____

_____

_____

_____

_____

_____

_____

_____

_____

_____

_____

_____

_____

_____

_____

_____

_____

Respuestas (Answers): www.hoddereducation.com/IBextras

7 El presente progresivo / continuo

La conjugación del presente progresivo

Se utiliza el verbo *estar* en el presente + el otro verbo en gerundio:

- *-ar* verbos: – *r* + *-ndo*
- *-er* / *-ir* verbos: – *er* / *ir* + *-iendo*

yo	estoy	
tú	estás	+
él / ella / usted	está	*-ar*: – *r* + *-ndo*
nosotros / nosotras	estamos	o
vosotros / vosotras	estáis	*-er* / *-ir*: – er / ir + *-iendo*
ellos / ellas / ustedes	están	¡Cuidado! A los verbos cuyas raíces terminan en vocales, se les añade - *yendo*

Presente progresivo / el gerundio

1 Conjuga los verbos en el ejercicio siguiente.

1 José _____ (hablar) conmigo.

2 _____ (Vivir, nosotros) en Inglaterra.

3 _____ (Comer, yo) el pastel.

4 _____ (Vender, tú) tus DVD antiguos.

5 Mi papá _____ (pasar) la aspiradora.

6 ¿_____ (Sacar, tú) la basura?

7 _____ (Leer, él) su libro de Tolstoi.

8 En este momento, ellas _____ (viajar) en Barcelona.

9 La gente _____ (mirar) las olas en el mar y relajándose.

10 Los coches _____ (ir) para Rosario ahora.

11 En la tienda de GAP _____ (comprar, yo) una camiseta.

12 _____ (Caminar, nosotros) en el parque.

13 La señora Matilde _____ (negociar) un contrato importante.

14 Mi hermana mayor _____ (dormir) en el sofá.

15 ¿Qué _____ (hacer, tú)?

16 _____ (Seguir, él) el sueño de su vida.

17 _____ (Escribir, yo) una carta para mi abuela.

18 Cristina _____ (pensar) en Rio todo el día.

19 Mis padres _____ (viajar) en Francia.

20 Esta semana _____ (hacer) mucho frío.

Tipo de texto: el blog

Conexión: En la página 87 del libro del estudiante, has visto los consejos para escribir un blog. En la página 26, hay un ejemplo de un blog.

Formato y convenciones de un blog

Aquí, está el formato y lo que se debe incluir:
- Fecha, hora, nombre de usuario
- Escribe en primera persona (*yo*) –el registro es informal
- Un título
- Saludos a los lectores –no te olvides de tu audiencia
- Introducción sobre el tema del que va a hablar la entrada
- Una lista de ítems con viñetas (*bullet points*)
- *Smiley*, signo de exclamación
- Conclusión
- Despedidas
- Algunos iconos sitios de redes sociales
- Comentarios – oportunidad para responder

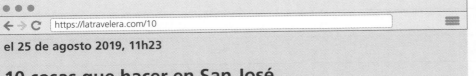

https://latravelera.com/10

el 25 de agosto 2019, 11h23

10 cosas que hacer en San José

¡Hola queridos lectores!

Me imagino que mis queridos lectores están hasta las narices :-)

Pero tengo algo muy emocionante que contarles.

Quiero hablarles de las cosas que pueden hacer si un día van a San José, la capital de Costa Rica.

1 Visitar el teatro nacional

2 Continuar con el museo del oro

3 Caminar en los parques

4 Aprender sobre SJ a través de su arquitectura

5 Hacer un tour de la ciudad

6 Hacer una excursión a las aguas termales

7 Ir al jardín botánico

8 Comer en la bodega de Chema

9 Ir de compras al mercado central

10 Ir al volcán Arenal

Seguro que van a encontrar y disfrutar de la vida haciendo estas cosas.

No se olviden de escribir sus comentarios abajo, ya saben cuánto me encanta leerlos y responder ;-)

¡Hasta luego!

Travelora.

Comentarios

Me gusta   COMPARTIR

Alternativas para tener éxito

Saludos:
- Hola chicos
- Hola guapos
- Hola mis amigos/as

Introducción:
- Perdona, hace mucho tiempo que no les he escrito.
- ¿Que tal? Yo sé que no tienen mucho tiempo, que están ocupados/as.

Despedida:
- ¡Hasta la próxima!
- Un abrazo a todos

25

Una entrada de blog 1

2 Utiliza el siguiente enlace para ver un sitio acerca de la feria de Málaga en España: http://feria.malaga.eu. Es un evento popular; acabas de regresar del festival y quieres compartirla con tus lectores.

Escribe una entrada de blog (120 palabras) para describir tus experiencias.

_____

_____

_____

_____

_____

_____

_____

_____

_____

_____

_____

_____

Una entrada de blog 2

3 Ayuda a este estudiante a escribir su presentación para su nuevo blog. Conjuga los verbos en el ejercicio siguiente.

● ● ●

← → C https://latravelera.com/10 ≡

Buenos días, mi nombre .... (1) (ser) Alejandra y mi apellido .... (2) (ser) Fontanas. .... (3) (Tener) 17 años, mi fecha de nacimiento .... (4) (ser) el 18 de octubre. Mi nacionalidad .... (5) (ser) griega.

Yo .... (6) (vivir) en Granada, ... (7) (estudiar) el Bachillerato Internacional en una escuela Internacional. .... (8) (Querer) empezar una bitácora sobre la fotografía porque .... (9) (estar) interesada en el poder de las imágenes. Yo .... (10) (necesitar) una mini presentación de mí mismo pero .... (11) (ser) muy difícil hablar de mí. Entonces, aquí .... (12) (estar) ;-). Mis amigos .... (13) (decir) que yo .... (14) (trabajar) mucho. Yo .... (15) (hacer) mis deberes con regularidad y después, cuando yo .... (16) (tener) tiempo, ... (17) (ir) fuera de mi casa para sacar fotos de mi barrio.

Mi familia y yo .... (18) (vivir) en la calle del Prado. .... (19) (Estar) situada en un barrio muy animado y donde .... (20) (haber) muchas oportunidades de .... (21) (ver) espectáculos. Alguien .... (22) (poder) observar la vida de los habitantes de nuestra zona. Siempre, ... (23) (estar) lista para explorar los eventos, yo .... (24) (visitar) las exposiciones e .... (25) (intentar) traducir las emociones que yo .... (26) (ver) en fotos que yo .... (27) (poner) en mi blog.

.... (28) (Esperar) que a ti, querido/a lector, te guste mi blog.

Hasta luego,

Alejandra

Piensa–evalúa–aprende

Haciendo referencia a los criterios de la prueba 1 en la guía de Español Ab Initio, evalúa el siguiente modelo de la prueba escrita.

■ Tarea

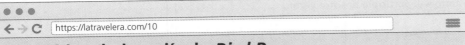 **4** **Este estudiante es un aficionado de cine. Él ha escrito una entrada en su blog, pero hay algunos errores. Búscalos.**

● ● ●

← → C   https://latravelera.com/10   ≡

Un Crítica de la película *Bird Box*

Título original: Bird Box (2018)

Origen: Los Estados Unidos

Director: Susanne Bier

Género: Drama / La novela de suspenso

Duración: 124 minutos

Resumen de la película

"Bird Box" es una película de drama, y una novela de suspenso. Durante una apocalipsis una mujer, dar a luz en una casa donde ella tratando de sobrevivir con otras sobrevivientes. Después de que dejaron entrar a alguien en la casa que esta infectado, Malorie es el único sobreviviente con dos niños. Ella tratar a recorrer el río con los ojos vendados, para que ella no se "infecte"…

En lo personal, Bird Box es un buena película arruinado por el internet. Durante el semana en el que fue estreno todos estaba hablando de el, en Twitter, Instagram y muchos blogs y artículos fueron escritas sobre Bird Box. Antes de viendo la película ya sabía que toda la película.

Birdbox es una película entretenida pero algunas partes eran demasiado largas y era un poco aburrido en algunas partes. Fue una buena película pero no lo verío en otro momento. Era muy interesante porque siempre hay tensión y tu constantemente en el borde de su asiento. Personalmente, sabía de Bird Box de muchas medios sociales como Instagram y Netflix.

En toda, la película fue entretenida. Tenia accion, tragedia y romántica en la historia. El concepto fue interesante y el audiencia tendrán preguntas porque hay misterios. Creo que es un idea excelente hacer el audiencia adivinar que paso con las personas que no cubrieron sus ojos con la venta.

Respuestas (Answers): www.hoddereducation.com/IBextras

8 El pretérito perfecto

El primer pasado

Conexión: Consulta la información sobre el pretérito perfecto en el recuadro de Gramática de la página 182 del libro del estudiante.

Se utiliza el verbo *haber* en el presente + participio del verbo:

- *-ar* verbos: – *r* + *-ado*
- *-er* / *-ir* verbos: – *r* + *-ido*

El verbo *haber* en el presente + el participio del otro verbo		
yo	he	+
tú	has	*-ar*: – *ar* + *-ado*
él / ella / usted	ha	por ejemplo: *bailado*
nosotros / nosotras	hemos	o
vosotros / vosotras	habéis	*-er* / *-ir*: – *ir* + *-ido*
ellos / ellas / ustedes	han	por ejemplo: *comido*

Por ejemplo: *Hoy has comido tortillas.*

▦ Un diálogo

1 **Rellena el diálogo.**

– ¿Qué tal hoy?

– ¡Todo bien! .... (1) (Comer, yo) con José y con Isabel. .... (2) (Ir, nosotros) a un nuevo restaurante peruano en la calle peatonal.

– ¿Qué .... (3) (pedir, vosotras) para comer y beber?

– .... (4) (Pedir, nosotras) varios tipos de ceviche y la famosa bebida del Perú, el pisco sour.

– ¿Pero, no tenéis miedo de tener sueño después del almuerzo?

– ¡Claro que no! No .... (5) (beber, nosotros) tanto.

– Y ¿qué tal la comida?

– Me .... (6) (gustar, yo) la comida.

– ¿ .... (7) (Tener, tú) reunión esta mañana?

– No, ¿Qué .... (8) (hacer, tú) esta mañana?

– .... (9) (Ir, yo) a la oficina. .... (10) (Dar, yo) un taller de tecnología sobre el uso de Windows .... (11) (Cambiar, yo) el orden de presentación. Los participantes .... (12) (hacer) muchas cosas durante el taller.

– Y ¿qué tal tu jefa nueva? ¿ .... (13) (Trabajar, vosotros) con ella antes? Hace un rato que ella .... (14) (empezar) a trabajar con nosotros. Vale, me parece que .... (15) (tener, tu) un buen día.

Participios irregulares

Verbo	Participio	Verbo	Participio
hacer	hecho	abrir	abierto
decir	dicho	cubrir	cubierto
romper	roto	ver	visto
volver	vuelto	poner	puesto
devolver	devuelto	resolver	resuelto
morir	muerto	escribir	escrito

Participios irregulares

2 **Algunos verbos en español tienen participios que son irregulares. Vamos a practicarlos.**

1 Esta mañana, la tienda _____ (abrir) a las diez.

2 Todavía, no _____ (cubrir, ellos) los gastos de la empresa.

3 ¿Qué te _____ (decir) la tía de Miguel?

4 Los niños _____ (volver) hoy de sus viajes en Argentina.

5 Un actor famoso _____ (morir) esta tarde.

6 ¿_____ (Resolver, vosotros) las problemas de física?

7 Hace un rato que _____ (ver, yo) el último episodio de esta serie.

8 ¿Sabes que esta pareja _____ (romper)?

9 Hoy, en la clase de literatura, _____ (escribir, nosotros) un poema.

10 Nunca _____ (hacer, yo) paracaidismo.

11 ¿_____ (Poner, ustedes) la mesa?

12 En el autobús para ir al cole, _____ (leer, yo) una novela de Kafka.

13 Hoy, mi grupo de trabajo y yo _____ (traer) la maqueta de nuestro proyecto de ciencias.

14 Las donaciones para las ONG _____ (caer) en 25% este año.

15 ¿_____ (Oír, tú) la broma del comediante en radio Mirchi esta mañana? ¡_____ (Reír, yo) como nunca!

Cómo he hecho la receta de los tacos mexicanos con mi madre

Conexión: Estudia los verbos en el recuadro de Léxico de la página 106 del libro del estudiante.

3 **Conjuga los verbos en el ejercicio siguiente.**

1 _____ (Picar, yo) los ajos y los _____ (cocinar, yo) a fuego lento durante 1 minuto.

2 _____ (Añadir, yo) un medio kilo de tomates pelados y troceados y _____ (subir, yo) el fuego. _____ (Sazonar, yo) y _____ (guisar, yo) durante un rato. Cuando el agua de los tomates _____ (hervir, el agua), _____ (bajar, yo) el fuego y _____ (cocinar, yo) durante 5 minutos más.

3 Mientras, mi madre _____ (preparar) el pico de gallo. En un bol, _____ (echar) toda la verdura de la salsa bien picada. _____ (Agregar) el zumo de media lima o de medio limón.

4 Después de cocinar el tomate, _____ (picar, yo) la carne que _____ (elegir, nosotras). _____ (Freír, yo) la carne a fuego fuerte. Con una cuchara de madera, _____ (remover, yo) toda la carne picada porque cuando está más fina, es mejor. Mientras, _____ (mezclar, yo) la carne con el tomate y el ajo.

5 Ahora ¡ya está lista! Sólo tienes que calentar una a una las tortillas, y después poner encima unas cucharadas de la carne con un poco de pico de gallo. Y ya está listo.

Los alimentos

Los alimentos

4 Completa las frases con palabras del recuadro. ¡Cuidado! Hay más palabras que espacios.

Conexión: En la página 96 del libro del estudiante, has descubierto los alimentos. Ahora tienes que practicar el vocabulario.

> azúcar   manzana   huevos   pan   té   jamón   leche   mariscos   arroz   vino   patatas
> carne   queso (2 veces)   chorizo   sal   café   tomate   aceite

1 Los indios toman mucho _____ con _____ –se llama *chai*.

2 No me gusta poner _____ en el café.

3 Los franceses comen mucho _____; el más famoso es *baguette*.

4 El _____ serrano es el mejor del mundo.

5 Hay personas que no comen _____ –son vegetarianos.

6 Si quieres cocinar tortilla de patatas, necesitas al menos _____, _____, _____, y _____

7 Prefiero el jugo de _____; no me gusta tanto el de naranja.

8 Mi plato favorito se llama la "paella"; consiste en _____ con _____.

9 No puedo imaginar una cena sin _____. Se dice que una copa de tinto es bueno para la salud.

10 En un bocadillo, se puede poner casi todo: _____, _____, etc.

Vamos al mercado

5 Tienes que preparar una cena muy especial. Vas al mercado para comprar todo lo que necesitas. Escribe una lista en que debes incluir:

- los alimentos para el primer plato, el segundo plato y el postre
- las bebidas

☐ _____

☐ _____

☐ _____

☐ _____

☐ _____

☐ _____

☐ _____

☐ _____

Tipo de texto: la postal

Formato y convenciones de una postal

La idea es ser breve; es como una carta pequeña e informal.

El objetivo es dar noticias y compartir experiencias, ideas, etc.

No más que 100 palabras.

Debes incluir:
- Fecha y lugar desde el que escribes
- Saludos
- Nombre y dirección del destinatario (en español)
- Despedidas

Buenos Aires,
21 de noviembre

Querida Elina:
¿Cómo estás?

Estoy de vacaciones en Buenos Aires. Me encanta la ciudad y hay un montón de cosas que se puede visitar. No tengo mucho tiempo para escribir postales a toda la familia. Nos vemos pronto.

Abrazos
Tara

Elina Rivero
Calle de las plantas
53 Piso 3, Apto 2
28000 Madrid

Alternativas para tener éxito

Saludos:
- Querido(s) / Querida(s):
- ¡Hola!
- ¡Hola gente! / ¡Hola todos!
- ¿Cómo estás? / ¿Cómo están?

Despedidas:
- Nos vemos pronto
- Un fuerte abrazo
- Un beso
- Saludos
- Extrañándote
- Con cariño

Una postal para tus abuelos

6 Escribe una postal a tus abuelos. Explica lo que has hecho hoy en la ciudad en la que estás haciendo turismo. Escribe entre 80 y 100 palabras.

Respuestas (Answers): www.hoddereducation.com/IBextras

9 El pretérito indefinido

El pretérito indefinido con verbos regulares

Conexión: Consulta la información sobre el pretérito indefinido en el recuadro de Gramática de la página 147 del libro del estudiante.

1 Conjuga los verbos en la forma correcta del pretérito indefinido. Fíjate en los marcadores que se utilizan con este tiempo.

1 Ayer _____ (desayunar, yo) leche y pan tostado.

2 El martes pasado nos _____ (visitar) nuestro tío de Japón.

3 ¿En qué año _____ (nacer, tú)?

4 _____ (Vivir, nosotros) cuatro años en Bilbao.

5 Anoche _____ (salir, yo) con mis amigos y _____ (volver) muy tarde.

6 Miguel de Cervantes _____ (escribir) Don Quijote, la novela más famosa en español.

7 ¿Dónde _____ (viajar) tú e Isabel en las últimas vacaciones?

8 El otro día _____ (encontrarse, yo) con María pero no me _____ (hablar). No sé qué le ha pasado.

9 El año pasado mi padre _____ (trabajar) sin tomarse ningún día libre.

10 ¿Dónde _____ (alojarse, tú) cuando viajaste a España?

11 _____ (Conocer, yo) a mi marido en la fiesta de cumpleaños de Carlos.

12 Blanca y Manolo _____ (estudiar) ingeniería pero no trabajan en ese campo. Trabajan como profesores.

13 El sábado pasado mi marido y yo _____ (ver) una película de Pedro Almodóvar y nos _____ (encantar). Se llama "Todo sobre mi madre".

14 Anteayer Raquel _____ (levantarse) tarde otra vez y _____ (perder) el autobús.

15 A su hermano le encanta la fotografía. En su último viaje, _____ (tomar) más de mil fotos preciosas.

16 ¿Cuándo _____ (decidir, tú) aprender español?

17 La profesora nos explicó el tema dos veces pero aun así no lo _____ (entender, yo).

18 Juan no puede ir al colegio una semana. Es que _____ (romperse) la pierna en el partido de fútbol ayer.

19 ¿A qué hora _____ (coger, ustedes) el tren?

20 ¿Por qué _____ (escoger, tú) las matemáticas si las odias tanto?

Verbos irregulares

El pretérito indefinido con verbos irregulares

La mayoría de los verbos son irregulares. Algunos verbos solo son irregulares en la primera o la tercera persona singular y plural.

2 **Conjuga los verbos en la forma correcta del pretérito indefinido.**

1 ¿Qué te _____ (regalar) tus abuelos por tu cumpleaños?

2 ¿Por qué no le _____ (decir) que no te gustó la idea?

3 Ayer por la tarde _____ (estar, Carlos) estudiando tres horas.

4 La semana pasada _____ (haber) un accidente terrible en esta carretera.

5 Estaba tan cansada que no _____ (hacer, yo) nada toda la semana.

6 ¿Adónde _____ (ir, vosotros) de vacaciones en Navidad?

7 _____ (Graduarse, yo) en 1999 en periodismo.

8 Ella no _____ (traer) nada a la fiesta.

9 Como tenían mucho trabajo y muchas reuniones, no _____ (poder) venir.

10 ¿Quién _____ (ser) el último en llegar?

11 ¿A qué hora _____ (volver) ustedes?

12 Estoy segura de que no _____ (leer, tú) nada del libro.

13 El año pasado _____ (distribuir, ellos) libros a los niños del orfanato el día de su cumpleaños.

14 Anoche _____ (llegar, yo) tarde y por eso no _____ (poder) despertarme temprano.

15 Sólo _____ (pagar, yo) 5 euros por esta camisa.

16 El otro día _____ (saber, yo) que la jefa no va a continuar el año próximo.

17 Mi hermana no _____ (conseguir) convencerme para ir a Londres.

18 ¿Qué te _____ (pedir, ellos) para el visado?

19 Pablo Picasso _____ (morir) el 8 de abril 1973 en Francia.

20 _____ (Sacar, yo) muy buenas notas en las oposiciones.

33

10 Las oraciones exclamativas

- Se utilizan para indicar sorpresa, asombro, alegría, tristeza mandato, deseo, etc.
- Se escribe el signo de exclamación para indicar el principio y final de una exclamación.
- Se escriben normalmente con *Qué* o *Cuánto*.

1 Oraciones exclamativas con *Qué*
1 Para enfatizar en la calidad de sustantivos:
- *¡Qué casa tan bonita!*
- *¡Qué niños tan traviesos!*

   o

- *¡Qué bonita es esta casa!*
- *¡Qué traviesos son los niños!*
2 Para utilizarlo con adverbios:
- *¡Qué bien habláis el español!*
- *¡Qué rápido comes!*

2 Oraciones exclamativas con *Cuánto*
3 Para enfatizar en la cantidad de lo que se hace; con verbos, se utiliza solo en la forma masculina singular:
- *¡Cuánto hablas!*
- *¡Cuánto trabaja tu padre!*
4 Si se utiliza con sustantivos, se concuerda con el sustantivo:
- *¡Cuánta hambre tengo!*
- *¡Cuántos libros tienes!*
- *¡Cuánta gente!*
- *¡Cuántas películas tenéis!*

¡Las exclamaciones!

1 Rellena con el exclamativo adecuado.

1 ¡_____ sed tengo! Necesito beber agua.
2 ¡_____ mentiroso es Carlos!
3 ¡_____ agua toma Juan!
4 ¡_____ susto me has dado!
5 ¡_____ vestidos compras cada mes!
6 ¡_____ llueve aquí!
7 ¡_____ paisaje tan precioso!
8 ¡_____ calor hace hoy!
9 ¡_____ comida tan rica!
10 ¡_____ flores hay en el jardín!
11 ¡_____ mal has jugado hoy!
12 ¡_____ tarde almuerzas!
13 ¡_____ mala suerte!
14 ¡_____ alivio!
15 ¡_____ interés muestra la gente!

11 El contraste entre el pretérito indefinido y el pretérito perfecto

Cuando se utiliza el indefinido y el pretérito perfecto

Pretérito indefinido	Pretérito perfecto
Acción acabada en el pasado **y** el periodo de tiempo terminado. Por ejemplo: *El año pasado no fui al pueblo de mis abuelos.*	Acción acabada en el pasado pero el periodo de tiempo no terminado. Por ejemplo: *Este año no he ido al pueblo de mis abuelos aún.*

▨ Práctica

1 **Conjuga los verbos en el pretérito perfecto o indefinido según convenga.**

1 ¿Alguna vez _____ (estar, tú) en España?

2 El otro día _____ (traer, ella) un pastel buenísimo.

3 Nunca en mi vida _____ (ver, yo) a una persona así. ¡Qué cara tiene!

4 ¿Por qué no nos _____ (decir, ustedes) que no iban a venir?

5 _____ (Empezar, el) a ir al gimnasio desde el mes pasado.

6 ¿_____ (Hacer, vosotros) los deberes hoy?

7 En este curso académico _____ (aprender, nosotros) muchas cosas nuevas.

8 ¿_____ (Gustar, a ti) la comida de hoy?

9 ¿Qué _____ (hacer, tú) el fin de semana pasado?

10 Todavía no _____ (volver, ellos) de su viaje. No sé cuándo vienen.

▨ Práctica más

2 **Conjuga los verbos en el pretérito perfecto o indefinido según convenga.**

1 ¿Cuánto tiempo hace que _____ (comprar, tu) esta casa?

2 Este año _____ (haber) más infracciones de velocidad en las autopistas.

3 En el 14 siglo, la peste bubónica _____ (devastar) Europa.

4 Este inverno, _____ (ir, nosotros) a la montaña para esquiar.

5 El año pasado _____ (ir, nosotros) al lago Titicaca.

6 Todavía, no _____ (visitar, yo) el Machu Picchu.

7 ¿Sabes qué ayer, _____ (nosotras, ver) a Luis Fonsi en la calle peatonal del centro?

8 ¿Usted _____ (montar) los muebles esta mañana?

9 _____ (Apuntarse, nosotros) a la clase de ajedrez esta mañana.

10 _____ (Volver, ellos) de sus vacaciones la semana pasada.

Respuestas (Answers): www.hoddereducation.com/IBextras

12 El pretérito imperfecto del indicativo

	Viajar	Tener	Vivir
yo	viajaba	tenía	vivía
tu	viajabas	tenías	vivías
él / ella / usted	viajaba	tenía	vivía
nosotros / nosotras	viajábamos	teníamos	vivíamos
vosotros / vosotras	viajabais	teníais	vivíais
ellos / ellas / ustedes	viajaban	tenían	vivían

En el imperfecto, sólo hay tres verbos irregulares: *ser, ir* y *ver*:

	Ser	Ir	Ver
yo	era	iba	veía
tu	eras	ibas	veías
él / ella / usted	era	iba	veía
nosotros / nosotras	éramos	íbamos	veíamos
vosotros / vosotras	erais	ibais	veíais
ellos / ellas / ustedes	eran	iban	veían

◼ El imperfecto

1 Conjuga los verbos en la forma correcta del imperfecto.

1 Todos los veranos, _____ (visitar) a mis abuelos en México.

2 En mi infancia, _____ (ser, yo) muy travieso. Mi madre _____ (hartarse) de mis travesuras.

3 De niña, _____ (gustar, me) ver la televisión. Todo el tiempo _____ (ver) los dibujos animados.

4 Antes, cada domingo mi familia y yo _____ (ir) a la playa. _____ (Divertirse) mucho.

5 En la época de nuestros abuelos no _____ (existir) los móviles. Ellos _____ (escribir) cartas, en lugar de enviarse mensajes instantáneos.

6 Antes de la llegada del internet, los niños _____ (jugar) fuera mucho. _____ (Ser) mucho más activos.

7 Mi abuela _____ (vivir) en un pueblo pequeño que _____ (estar) en las afueras de la ciudad.

8 En su adolescencia, Carolina _____ (llevar) faldas y vestidos coloridos.

9 Hace 10 años, no _____ (haber) ni un alma por las carreteras. Ahora hay demasiado tráfico.

10 _____ (Ser) las 10 de la noche cuando me llamó anoche.

11 ¿Cuántos años _____ (tener) cuando fuiste al extranjero por primera vez?

12 En el mes de agosto en España _____ (hacer) muchísimo calor y la temperatura _____ (subir) hasta los 45 grados centígrados.

13 En su juventud, mi abuela _____ (trabajar) de niñera.

14 ¿Cómo _____ (llamarse) tu escuela en México?

15 Siempre _____ (querer) ser científica. _____ (Interesar, me) los experimentos.

13 El contraste entre el pretérito indefinido y el pretérito imperfecto

¿Cuándo se utiliza el indefinido y el imperfecto?

Pretérito indefinido	Pretérito imperfecto
Acción única en el pasado: Por ejemplo: *El martes pasado visité un restaurante mexicano.* **Acción terminada / completada en el pasado:** Por ejemplo: *Estudié tres horas y luego fui a ver una película con mi amigo.*	**Descripciones en el pasado:** De persona: *En mi infancia, era muy travieso.* De evento: *En la fiesta, había mucha comida y bebida.* De lugar: *El paisaje de San Sebastián era muy bonito.* Clima / ambiente: *Hacía buen tiempo cuando estábamos en Inglaterra.*
Acciones repetitivas especificando el número de las veces: Por ejemplo: *El año pasado fui a España dos veces.*	**Acciones repetitivas sin especificar el número de las veces:** Por ejemplo: *Antes, cada domingo iba a la playa con mi hermana.* *Cuando tenía 5 años, comía golosinas todo el tiempo.*
Acciones consecutivas (narración): Por ejemplo: *Me levanté a las 6.00, fui al gimnasio, volví a casa, desayuné huevos y pan, arreglé la casa y fui a trabajar.*	**Acciones simultáneas en el pasado:** Por ejemplo: *Yo preparaba la tarta mientras mi hermana decoraba el salón.*

Cuéntame tu viaje

1 Completa los espacios del cuerpo de esta carta informal, utilizando los pasados:

> Querida Marta:
>
> ¿Cómo estás? No nos hemos escrito desde hace mucho tiempo. Estoy segura de que vas bien. Yo .... (1) (volver) de España el martes pasado. En esta carta te voy a contar sobre mi viaje a España.
>
> Mi viaje .... (2) (ser) maravilloso. Yo .... (3) (ir) con mi colega Lola. Como nosotras somos profesoras de español, nuestra directora nos .... (4) (recomendar) ir a España. .... (5) (Estar) en España 25 días. .... (6) (Visitar) seis ciudades españolas. Te cuento lo más importante de mi viaje.
>
> Nosotras mismas lo .... (7) (organizar) todo por internet. .... (8) (Reservar) los billetes de avión, después de ver los precios de todos los tipos de alojamiento, ... (9) (decidir) alojarnos en los albergues juveniles. Es muy barato y muy divertido a la vez. También .... (10) (sacar) los billetes del transporte dentro de España por internet. No .... (11) (poder) salir el mismo día por el trabajo. Así que yo .... (12) (salir) el 29 de mayo y después de tres días, Lola .... (13) (coger) el avión. .... (14) (Ser) la primera vez que yo sola subí al avión.
>
> Un abrazo fuerte,
>
> Juanita.

Respuestas (Answers): www.hoddereducation.com/IBextras

Tipo de texto: la carta informal

Jonah Balisto
Calle Portugal, 76
11005 Cádiz
España

Paloma Reverte
Blvrd Santa Cristina, 18
11011 Tegucigalpa
Honduras

Ciudad de Cádiz, 16 de enero de 2019

Querida Paloma:

Hace dos semanas que llegué a la tierra natal de tus padres y ahora, puedo contarte pocas cosas de mi vida aquí en Cádiz.

Finalmente, ayer, visité el Yacimiento Arqueológico Gadir. Tardé en visitar el yacimiento pero me puse muy feliz al llegar ahí. Aparte de la importancia histórica que tiene el lugar me ha parecido muy bonito.

Después, fui a una playa urbana que se llama playa Victoria. Es estupenda, kilómetros y kilómetros de arena blanca. Es la mejor playa que se puede encontrar en la ciudad.

Todo el tiempo, estoy pensando en ti y te echo de menos mucho.

Un abrazo muy fuerte

Jonah

Alternativas para tener éxito

Saludos:
- Hola
- Querido/a abuelito/a

Cuerpo:
- Me ha hecho mucha ilusión tu carta. Veo que estás muy bien…

Despedidas:
- Espero que todo vaya bien para ti
- Escríbeme pronto
- Un beso
- Un abrazo (fuerte, bien gordo)

Una carta informal a tu abuela

2 Tienes una abuela que va a visitarte. No puedes ir al aeropuerto a recogerle porque trabajas a la hora de su llegada. Ella no tiene internet en su casa y no tiene correo electrónico. Envíale una carta para explicarle como llegar a tu casa desde el aeropuerto y donde podrá encontrar tus llaves. Escribe como mínimo 120 palabras.

_____

_____

_____

_____

_____

_____

_____

_____

_____

_____

_____

_____

_____

_____

_____

_____

_____

_____

_____

_____

_____

_____

_____

_____

_____

_____

_____

_____

_____

_____

_____

Respuestas (Answers): www.hoddereducation.com/IBextras

Tipo de texto: el diario íntimo

Formato y convenciones del diario íntimo
- La lengua deber ser informal
- Debe usar *yo*

Se debe incluir:
- La fecha y la hora
- Saludos
- Frase de introducción (breve, personal, a la primera persona)
- Cuerpo (cuenta tus problemas, tus noticias, tus sentimientos)
- Conclusión breve
- Frase de cierre
- La despedida
- El nombre de la persona que escribe el diario

29 de octubre de 2019 21:25

Mi querido diario:

Desde hoy, he decidido escribir un diario porque he cumplido 15 y creo que sería necesario tener algo o alguien para compartir mis emociones y sentimientos. No pensaba escribir nada hoy.

Son las nueve y veinticinco y no tengo ganas de dormir ☹ He estado muy ocupado con mis exámenes, pero quiero contarte algo. ¡Fue un día horrible! Me he aburrido mucho, me siento solo el día de mi cumpleaños. Nadie se acordó de mi cumpleaños. Es horrible, pero ¿qué puedo hacer?

Bueno, me voy a dormir ya que mañana tengo un examen y tengo que olvidar este día.

Hasta mañana,

Mateo

Alternativas para tener éxito

Saludos:
- Hola diario
- Buenos días mi diario,
- ¡Hola!

Cuerpo:
- Hace mucho tiempo que no te escribí.
- Es primavera / Estamos en primavera
- He estado muy ocupado/a

Despedidas y cierre:
- Creo que es todo para hoy
- Me voy a la escuela,
- Hasta la próxima.
- Adiós

Una página en tu diario

3 Escribe una entrada en tu diario. Ayer cumpliste 15 años, y fue un día horrible para ti. Nada fue bien. Explica todo lo que ocurrió; los eventos, tus emociones, la razón por la que estás decepcionado/a hoy. Escribe entre 80 y 150 palabras.

_____
_____
_____
_____
_____
_____
_____
_____
_____
_____
_____
_____
_____
_____
_____
_____
_____
_____
_____
_____
_____
_____
_____
_____
_____
_____
_____
_____
_____
_____
_____
_____
_____
_____

Respuestas (Answers): www.hoddereducation.com/IBextras

Mi viaje a España (parte una)

4 **Rellena esta entrada en el diario con la forma correcta del pretérito indefinido o imperfecto.**

Mi querido diario:

Tengo que contarte mi viaje ;-)

Primero yo .... (1) (ir) a Barcelona. .... (2) (Quedarse) allí ocho días. Pero de verdad, ocho días son muy pocos para la ciudad preciosa de Barcelona. El primer día .... (3) (llegar) a Barcelona a mediodía. Al principio .... (4) (sentirse) un poco perdida pero luego todo .... (5) (ir) bien. Por el cansancio no .... (6) (hacer) nada ese día. Sólo .... (7) (dormir) mucho. Por la tarde, ... (8) (dar) un paseo en el barrio del albergue juvenil en que .... (9) (alojarse). Toda la gente del albergue .... (10) (sorprenderse) mucho por mi español. Pero ¡Menos Mal! Cuando .... (11) (llegar) Lola, me .... (12) (relajar) ya que tiene un buen sentido de orientación, así que con el mapa, ... (13) (poder) ver la ciudad. .... (14) (Ver) el monumento más famoso, la Sagrada familia. Es un monumento impresionante. Nos .... (15) (encantar). Nosotras dos somos como la noche y el día pero .... (16) (hacer) clic. Cada día, ... (17) (escoger) algunos lugares importantes que .... (18) (querer) ver y .... (19) (salir) juntas. Pero al llegar al lugar, lo .... (20) (ver) separadas. Así que cada una .... (21) (poder) hacer y ver lo que .... (22) (querer).

Lo que me .... (23) (encantar) más .... (24) (ser) el Barrio Gótico, situado en el centro de la ciudad. La gerente del albergue nos .... (25) (sugerir) visitarlo. En ese momento no .... (26) (tener) ni idea que .... (27) (ser). Pero cuando lo .... (28) (ver), ... (29) (enamorarse) del barrio. Nos .... (30) (gustar) tanto que .... (31) (volver) ahí.

Una cosa que no nos gustó, ... (32) (ser) la comida. No nos .... (33) (gustar) para nada. Lola es vegetariana. Por lo tanto, la pobre .... (34) (sufrir) mucho más que yo. Por otro lado, yo tampoco .... (35) (comer) todo. Todo .... (36) (tener) jamón o cerdo. No .... (37) (haber) ninguna hamburguesa sin jamón. Gracias a Dios que .... (38) (tener) fideos Maggi y otras cosas con las que .... (39) (sobrevivir). Lo único que .... (40) (comer), ... (41) (ser) pizza de cuatro quesos y pan y la tortilla española. A la hora de comer, ... (42) (extrañar) nuestra casa.

A veces .... (43) (echar) de menos a mis amigos, mis padres pero creo que eso es normal. Los ocho días en Barcelona nos .... (44) (parecer) insuficiente. Las dos .... (45) (acordar) que hay que visitarla otra vez.

Tengo que dejarte por ahora, tengo sueño.

Un beso y un abrazo muy fuerte,

Tu Luisa

Mi viaje a España (parte dos)

5 **Rellena con la forma correcta de los verbos en los pasados.**

Mi Querido Bautista:

Tengo que contarte un poco más de mi viaje ;-)

Después de Barcelona, el segundo destino .... (1) (ser) Valencia. .... (2) (Ir) a estar ahí sólo dos días. El albergue de Valencia nos .... (3) (gustar) bastante. Ellos .... (4) (organizar) muchas cosas para los turistas que nos .... (5) (introducir) a la cultura española y la vida nocturna. .... (6) (Hacer) un recorrido por cinco bares con una guía. Estas actividades son muy útiles porque nosotras no .... (7) (ser) tan extrovertidas que no habríamos hecho estas cosas por nosotras mismas. En Valencia también .... (8) (hacer) un recorrido por el barrio gótico pero lo de Barcelona nos .... (9) (parecer) mejor. El guía de Barcelona .... (10) (tener) mucho conocimiento de lo que nos .... (11) (decir).

Luego, ... (12) (ir) a Sevilla. Nos .... (13) (hacer) mucha ilusión ir a Sevilla por dos razones principales; la primera que .... (14) (ir) a alojarnos en la casa de una española que es amiga de nuestra directora y la otra .... (15) (ser) entender el acento andaluz. La gente allí tiene un acento un poco diferente que .... (16) (odiar) en nuestros exámenes de español. Pero .... (17) (sorprenderse, nosotros) porque casi lo .... (18) (entender) todo. Nuestra amiga que .... (19) (llamarse) Kika .... (20) (llegar) a la estación de autobús para recogernos. Ella nos .... (21) (reconocer) sin habernos visto antes. A lo mejor se .... (22) (poder) notar fácilmente que .... (23) (ser) turistas. ¡¡¡Jajaja!!! En su casa, ... (24) (sentirse) muy a gusto. Desde el comienzo, ... (25) (hacer) clic con ella. No .... (26) (dudar) en pedirle nada. Lo mejor .... (27) (ser) que no .... (28) (tener) que preocuparnos por las direcciones. Lo único que .... (29) (haber) que hacer .... (30) (ser) sentarnos en su coche y ver los lugares que ella nos .... (31) (querer) enseñar. .... (32) (Ver) el precioso río Guadalquivir con un recorrido de 657 km. Es un río que divide la ciudad en dos partes. La plaza de España, la Torre de oro son otros monumentos famosos e impresionantes que .... (33) (ver).

Nos .... (34) (impresionar) ver carruajes de caballos por todas partes y sentir la brisa en la cara que .... (35) (hacer). Y ¡qué bueno puede ser dar un paseo en un ambiente así!

Una noche una amiga de nuestra amiga nos .... (36) (invitar) a una cena muy típicamente española. .... (37) (Haber) gazpacho, la tortilla española y muchas otras cosas. Después de esa cena estupenda, una de las mujeres .... (38) (tocar) la guitarra flamenca. .... (39) (Quedarse) alucinadas. Siempre .... (40) (oír) de flamenco pero esa tarde lo .... (41) (vivir). Esos cuatro días, el tiempo .... (42) (volar) y no .... (43) (darse) cuenta de cuando .... (44) (llegar) el día de despedirnos de ella. De esa manera, este viaje nos .... (45) (dar) una amiga de toda la vida.

Desde Sevilla, ... (46) (ir) a la capital Madrid, pero ahí .... (47) (hacer) un calor infernal y casi no .... (48) (ver) nada. Solo .... (49) (ir) de compras por las tardes y .... (50) (dormir) durante el día. .... (51) (Haber) muchas rebajas y .... (52) (aprovechar) lo máximo de ellas. .... (53) (Volverse) locas mirando las cosas. Lola .... (54) (comprarse) seis pares de zapatos estilosos. .... (55) (Tener) miedo de que no cupieran todas las cosas en su maleta. El día que .... (56) (hacer) las maletas, ... (57) (estar) preocupadas. .... (58) (Pesar) las maletas dos o tres veces para ver si .... (59) (pesar) más de lo que deberían.

Al final, nosotras .... (60). (salir) el 24 de junio y .... (61) (regresar) a India el día siguiente. .... (62). (Sentir) algo que .... (63) (ser) muy difícil de explicar porque este viaje nos .... (64) (enseñar) muchas cosas y también nos .... (65) (regalar) una amistad que será para toda la vida.

Te he adjuntado las fotos con este e-mail.

Recuerdos a tus padres y nos vemos pronto.

Un beso y un abrazo muy fuerte.

Tu amiga,

Luisa

Una carta informal a tus padres

6 Has terminado de escribir esta carta a Bautista. Ahora, tienes que mandar noticias a tus padres, pero sin tantos detalles, una versión más pequeña será suficiente. Escribe únicamente los eventos más importantes para ti. Usa los pasados y las convenciones de una carta informal. Escribe entre 120 y 150 palabras.

_____

_____

_____

_____

_____

_____

_____

_____

_____

_____

_____

_____

_____

_____

_____

_____

_____

_____

_____

_____

_____

_____

_____

_____

_____

_____

_____

_____

_____

_____

14 Las oraciones relativas

Los pronombres relativos simples

> Se usan para unir dos oraciones.
>
> Los pronombres relativos *que, cual, quien* se escriben sin tilde, a diferencia de los pronombres interrogativos: *qué, cuál, quién*.
>
> Por ejemplo:
>
> - **Que:** El vestido que he visto es rojo.
> - **Quien(es):** La chica a quien conocí en la boda de Juan, se llama Imane.
> - **Cuyo/a/os/as:** Conozco a una estudiante, cuya madre es la profe de ciencias en la universidad.
> - **Donde:** Esta es la calle donde hubo un accidente.

▨ Los relativos para empezar

1 Construye las frases utilizando el relativo *que*.

1 Ella me recomendó esta película. Es muy interesante.

_____

2 Estoy leyendo una novela. Es muy divertida.

_____

3 La camisa es muy cara. Me encanta.

_____

4 La carpeta es de Carlos. Está sobre la mesilla de noche.

_____

5 Los niños juegan en el jardín. Está muy cerca de nuestro.

_____

▨ Los relativos

2 Pon el pronombre relativo adecuado.

1 El chico _____ vino a la fiesta de ayer es el amigo de mi hermano.

2 El plato _____ voy a comer cuesta 15 euros.

3 Las asignaturas _____ más le gustan son la geografía y la historia.

4 Necesito un sitio _____ puedo sentirme tranquilo para estudiar.

5 La cafetería _____ se sitúa en el tercer piso, sirve comida saludable.

6 Eugenio _____ era una persona generosa, se volvió tacaño.

7 El supermercado es un lugar _____ alguien puede comprar casi todo para comer.

8 El chico con _____ he jugado al fútbol me interesa mucho.

9 La casa _____ voy a comprar, tiene vistas a la playa.

10 Mis padres regalaron a mi hermana un coche _____ le gustó mucho.

Respuestas (Answers): www.hoddereducation.com/IBextras

Un poco más de los relativos

3 Pon el pronombre relativo adecuado.

1 El coche _____ él compró es un Renault.

2 Ayer conocí a un niño bonito _____ abuelos son los creadores de Zara.

3 Tus nietos con _____ hablabas, son muy amables.

4 El pueblo _____ yo crecí, está situado en Bélgica.

5 Arturo Pérez Reverte, _____ escribió *La tabla de Flandes*, nació en 1951.

6 *El club Dumas* es una novela de aventuras _____ primera edición fue publicada en 1993.

7 Rosa Montero _____ es una escritora española contemporánea; ha asegurado venir al programa en vivo.

8 Este es el padre de Pedro, _____ hermano fui a la escuela con nosotros.

9 La profe _____ me enseña español es de India.

10 Mi novio está nervioso porque él piensa que el país _____ voy a viajar es peligroso para las mujeres.

Los pronombres relativos con preposiciones

Se suele utilizar el artículo con las preposiciones:

Para / por / desde / con / en / a / sobre / de	el / la / + los / las	+ que

*También se puede utilizar las preposiciones con los relativos (quien / donde).

Lee estos ejemplos para entender el uso de relativos:

1. *El precio por el que le vendió el carro fue ridículo.*
2. *La empresa para la que trabajo, es española.*
3. *La ciudad en la que vivo es muy cosmopolita.*
   o
   La ciudad donde vivo es muy cosmopolita.
4. *El chico con el que comparto piso no habla inglés.*
   o
   El chico con quien comparto piso no habla inglés.
5. *La mujer con la que estábamos hablando es una cantante conocida.*
   o
   La mujer con quien estábamos hablando es una cantante conocida.

Los relativos con preposiciones

4 Rellena los espacios con un relativo y una preposición adecuada.

1 El chico _____ estábamos hablando es un atleta famoso.

2 El restaurante _____ cenamos en ocasiones especiales se ha cerrado.

3 La calle _____ pasamos cada día está en obras.

4 El tren _____ solemos viajar no funciona hoy.

5 La persona _____ escribiste el correo está de vacaciones.

6 El barrio _____ vivimos es un barrio céntrico.

7 El edificio _____ vamos ahora es el edificio más alto del mundo.

8 El tema _____ queremos hablar es muy sensible.

9 El periódico _____ trabaja mi amiga es muy respetado en todo el país.

10 Hay un supermercado cerca _____ se puede comprar de todo.

Los pronombres relativos con *el, la, los, las, lo*

> *El que / La que / Los que / Las que* se refiere a un nombre o sustantivo ya mencionado.
> Por ejemplo: *¿Es este coche tuyo? No, el que está ahí es mi coche.*
> "Lo que" se refiere a conceptos / ideas.

◼ Un poco más de los relativos

5 Utiliza el pronombre relativo adecuado.

1 Me gusta este sofá pero _____ está en el escaparate es mejor.

2 No estoy de acuerdo con _____ le dijiste.

3 ¿Son estas tus gafas? No, _____ están sobre la mesa son las mías.

4 El candidato que llegará a tiempo, tendrá una ventaja. _____ vendrá con retraso tendrá desventajas.

5 Estas manzanas están verdes aún. _____ compraste la semana pasada están maduras.

6 Los estudiantes que se han presentado hoy son flojos. _____ se presentaron ayer estaban más preparados.

7 Tienes que decirme todo _____ ocurrió ayer. No escondas nada.

8 Esta computadora es buena pero _____ utiliza Marisa es aún mejor.

9 Hago _____ puedo y dejo el resto. No me preocupo mucho.

10 _____ vino ayer fue el padre de su novio.

Respuestas (Answers): www.hoddereducation.com/IBextras

15 Los adjetivos y los pronombres indefinidos (*alguno, nadie, etc.*)

	Afirmativo	
	Masculino	**Femenino**
Singular	algún	alguna
Plural	algunos	algunas

Por ejemplo:

¿Tienes algún rotulador rojo?

Respuesta afirmativa singular:

Sí, tengo algún rotulador rojo.

Sí, tengo alguno. (es un pronombre y, por lo tanto, se usa sin un sustantivo)

Plural:

Sí, tengo algunos rotuladores rojos.

Sí, tengo algunos.

Respuesta negativa:

No, tengo ningún rotulador rojo.

No tengo ninguno. (es un pronombre y, por lo tanto, se usa sin un sustantivo)

Pronombres indefinidos:

Para cosas	algo	nada
Para personas	alguien	nadie

Por ejemplo:
- *¿Quieres algo?*
  No, no quiero nada.
  Nada quiero.
- *¿Necesitas algo de pan?*
  No, no quiero nada de pan.
- *¿Conoces a alguien en este barrio?*
  No, no conozco a nadie aquí.

¿Adjetivo o pronombre?

1 Utiliza el adjetivo o el pronombre indefinido según convenga.

1 ¿Te gusta _____ collar de estos que hemos visto? No, no me gusta _____.

2 ¿Tienes _____ noticia de Carlota?

3 _____ de lo que me cuentas es verdad.

4 No tengo _____ problema contigo. No me malentiendas, por favor.

5 ¿No has comprado _____ para mí?

6 No sé cuántos, pero tienes _____ alumnos franceses en tu clase.

7 Creo que no tiene _____ idea de lo que habla.

8 _____ sabe hablar el italiano en mi familia.

9 _____ de los candidatos eran adecuados para ese puesto.

10 Todas las cajas están llenas de cosas. _____ está vacía.

11 _____ debe llamarle para ver dónde está.

12 ¿Por qué no me dijiste _____

13 No te pongas triste. _____ es mejor que _____

14 Voy a comprarle _____ libro de Gabriel García Márquez.

15 ¿Puedo prestar _____ de azúcar, por favor? No me queda _____

Los negativos

Forma positiva	Forma negativa
alguien	nadie
algún/uno	(no) … ningún
algo	no … nada
siempre	nunca / jamás
también	tampoco
todavía / aún	ya no
todo	(no) … nada
todos	nadie

Práctica

2 **Transforma las siguientes oraciones afirmativas en negativas, cambiando los elementos subrayados.**

1 Mi abuela cocina bien.

_____

2 La rosa todavía tiene pétalos.

_____

3 En la escuela, los guardias siempre están allí.

_____

4 Tengo un novio.

_____

5 Hay algo en el lavaplatos.

_____

6 ¿Hay alguien en casa?

_____

7 Me gusta el café.

_____

8 Comí todo.

_____

9 ¿Has visto algunas películas con Leonardo DiCaprio?

_____

10 El tren siempre llega a tiempo.

_____

■ Una tarjeta de felicitación a una amiga pesimista

3 Estás de vacaciones y estás pensando en tu mejor amiga que es muy pesimista. En este año nuevo, has decidido ayudarla a ser optimista. Escríbele una tarjeta de felicitación con una lista de cuatro cosas (o acciones) que ella **no** debe hacer para ser feliz. Usa la negación y escribe 70 palabras al menos.

16 Los pronombres de complemento directo e indirecto

Los pronombres de complemento directo cuando es un objeto

Cuando el complemento directo es un objeto		
	Masculino	**Femenino**
Singular	lo	la
Plural	los	las

Si hay un verbo en una oración, siempre se coloca antes del verbo.

Por ejemplo: *¿Compraste el reloj? Si, lo compré.*

Si hay dos verbos en una oración, se puede colocar el pronombre antes del primer verbo o **después del segundo verbo, pero unido al verbo**.

Cuando es un objeto

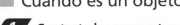

1 **Contesta las preguntas sustituyendo el pronombre de complemento directo.**

1 ¿Tomas café por las mañanas?

_____

2 ¿Comen ustedes la carne de vaca?

_____

3 ¿Quieres leer este libro? Es muy interesante.

_____

4 ¿Ha sacado dinero Pablo del cajero?

_____

5 ¿Compraste ese vestido rojo al final?

_____

6 ¿Arregló Paco el ordenador de Lucía?

_____

7 ¿Hicisteis las maletas ya?

_____

8 ¿Cambiaste esos zapatos por otros?

_____

9 ¿Vas a regar las plantas?

_____

10 ¿Tiene tu hermana esa película?

_____

Respuestas (Answers): www.hoddereducation.com/IBextras

Los pronombres de complemento directo cuando es una persona

Cuando el complemento directo es una persona					
me	te	lo / la	nos	os	los / las

Cuando es una persona

2 **Contesta las preguntas sustituyendo el pronombre de complemento directo.**

1 ¿Conoces a Laura?

_____

2 ¿Me ayudas a entender este concepto?

_____

3 ¿Te llamó Carolina para hablar de ese incidente?

_____

4 ¿Vais a llamar a Los López para la fiesta de domingo?

_____

5 ¿Vieron ustedes a los Reyes Magos?

_____

6 ¿Te extraña tu hermano?

_____

7 ¿Cuidas a tu hermano cuando tu madre necesita?

_____

8 ¿Ha detenido el policía al ladrón?

_____

9 ¿Nos vas a visitar en las vacaciones de verano?

_____

10 ¿Escribes a tus amigos en Perú frecuentemente?

_____

Pronombres de complemento directo e indirecto

Cuando hay un pronombre de complemento directo e indirecto, el pronombre de complemento indirecto se coloca antes y después se coloca el pronombre de complemento directo.

Por ejemplo: *¿Me prestas un bolígrafo? Si, te lo presto.*

Pronombres de complemento indirecto		Pronombres de complemento directo
me	nos	lo … la
te	os	los … las
le	les	

Excepción:

le + lo / la / los / las → se + lo / la / los / las

les + lo / la / los / las → se + lo / la / los / las

Por ejemplo:

¿Le puedes contar toda la historia?

Si, le la puedo contar.

   ↓ ↓

Si, se la puedo contar. / Si, puedo contársela.

Preguntas

3 **Contesta las preguntas sustituyendo los pronombres de complemento directo e indirecto.**

1 ¿Me haces un café, por favor?

_____

2 ¿Nos prestas tu bolígrafo?

_____

3 ¿Le regaló un anillo a su novia?

_____

4 ¿Te lavas el pelo cada día?

_____

5 ¿Nos podéis traer algo de comer?

_____

6 ¿Te ha explicado la profesora la lección otra vez?

_____

7 ¿Cuando me vas a devolver el dinero que te presté?

_____

8 ¿Te ha escrito Óscar una carta este mes?

_____

9 ¿Quieres comprarle un regalo a tu padre?

_____

10 ¿Te ha contado Joaquín lo que pasó?

_____

Respuestas (Answers): www.hoddereducation.com/IBextras

17 El pluscuamperfecto

Se forma con el pretérito imperfecto del verbo auxiliar *haber* + el participio del verbo que describe la acción de la que hablamos.

Sujeto + imperfecto del verbo *haber* + participio

Por ejemplo: *Yo había comido con él.*

Solo el pluscuamperfecto

1 **Conjuga los verbos en la forma adecuada de pluscuamperfecto.**

1 Yo _____ (hablar) con el presidente.

2 Tú _____ (levantarse) a las diez.

3 Marta _____ (romper) todas las botellas.

4 Nosotras _____ (ver) la nueva serie en línea.

5 Vosotros _____ (decir) mentirosos.

6 Gil y Roberto _____ (ir) de tapas.

7 Él _____ (regresar) a México.

8 Tú _____ (volver) a Paris una vez antes.

9 Ellas _____ (hacer) sus tareas domésticas.

10 Javier e Imane _____ (correr) el semi maratón.

Un poco de todo

2 **Conjuga los verbos en pretérito indefinido, imperfecto o pluscuamperfecto según convenga.**

1 No quería ver la película porque el mes pasado la _____ (ver).

2 Por qué no _____ (venir, tú) a cenar con nosotros el otro día. Es que cuando me llamasteis, _____ (cenar) ya.

3 Nunca _____ (hacer) algo así hasta que me lo mostraste.

4 No _____ (poder, ella) participar en la carrera porque _____ (torcerse) el tobillo el día anterior.

5 El ladrón ya _____ (escaparse) cuando la policía llegó al lugar.

6 No _____ (saber, yo) nada de ese tema hasta que tú me lo dijiste.

7 Cuando llegamos a la iglesia, la ceremonia todavía no _____ (empezar).

8 No _____ (tener, nosotros) ganas de comer más ya que habíamos comido demasiado.

9 No estábamos seguros de si los niños _____ (estar) en casa o ya _____ (salir) a jugar.

10 Volvimos al mismo restaurante para celebrar nuestro aniversario donde _____ (conocerse) hace dos años.

¡Un día lleno de malentendidos, fracasos!

3 Rellena el siguiente ejercicio utilizando el indefinido, imperfecto y el pluscuamperfecto.

Antes de hacer el ejercicio, busca el significado de las siguientes expresiones y verbos con la ayuda de un diccionario o de tu profesor.

- ser un camino de rosas
- tirar la toalla
- dormir a las tantas
- acercarse
- salir bien
- darse cuenta de
- enfadarse

- y encima
- dar miedo
- meter la pata
- sentirse fatal
- culpar [a alguien]
- soltar los sentimientos

¡UN DÍA LLENO DE MALENTENDIDOS, FRACASOS!

Querido diario:

Todos sabemos que los dos años del Bachillerato Internacional no <u>son un camino de rosas</u>, pero a veces hay días que ya no puedes más y estás a punto de <u>tirar la toalla</u>.

Hoy ha sido uno de esos días. Anoche .... (1) (<u>dormir</u>) a las tantas porque .... (2) (estar) preparando el borrador de mi monografía ya que el plazo de entregarlo <u>se está acercando</u>. Por lo tanto, no .... (3) (oír) el despertador en la mañana y me .... (4) (despertar) muy tarde a las 6.50. En consecuencia, ... (5) (salir) tarde de mi casa y esta fue la tercera vez que .... (6) (llegar) tarde al colegio. Así que me he ganado un castigo por ello.

En el primer bloque de económica, la profe nos .... (7) (mostrar) los exámenes de la semana pasada. Me .... (8) (haber) <u>salido bastante bien</u>, pero .... (9) (sacar) un 4. Cuando la profe nos .... (10) (explicar) las soluciones, ... (11) (<u>darse cuenta</u>) de que .... (12) (hacer) errores muy tontos. .... (13) (<u>Enfadarse</u>) mucho conmigo mismo. <u>Y encima</u> la profe nos .... (14) (decir) que va a contar esa nota para las notas anticipadas.

En el segundo bloque de geografía, ... (15) (tener) una presentación en grupos al que una de las compañeras no .... (16) (venir). .... (17) (Tener, nosotros) que compensar por ella y no .... (18) (estar) preparados para eso. Odio las presentaciones enfrente de la clase ya que me da miedo hablar enfrente del público. Como no .... (19) (preparar) bien antes, ... (20) (<u>meter</u>) <u>la pata</u>. Todos .... (21) (<u>sentirse</u>) fatal. Todos los compis .... (22) (<u>culpar</u>) el uno al otro, pero .... (23) (saber) que todos .... (24) (ser) responsables por lo que .... (25) (pasar). No .... (26) (organizarse) bien entre nosotros y nos .... (27) (faltar) las habilidades colaborativas. A causa de estas dos instancias, no .... (28) (poder) concentrarme bien durante el resto del día.

Después del almuerzo, ... (29) (tener, yo) un bloque libre. Así que .... (30) (decidir) ir a casa. Mientras .... (31) (salir) del colegio, ... (32) (ver) a mi equipo de baloncesto en su uniforme. .... (33) (Sorprenderse, yo) porque no .... (34) (saber) que íbamos a practicar. Al preguntarles, me .... (35) (decir) que había un partido y que .... (36) (anunciar) en la mañana en el boletín. Pero como llegué tarde, ... (37) (perder) esa información y tampoco .... (38) (leer) el boletín después. .... (39) (Estar) muy frustrado y lo único que .... (40) (querer) hacer es irme a la cama. .... (41) (Volver) a casa y .... (42) (ir) a mi dormitorio enseguida sin hablar con nadie. Después de descansar dos horas y pico, ... (43) (levantarse) y .... (44) (decidir) <u>soltar los sentimientos</u> y empezar de nuevo.

Ahora me siento mucho mejor y entiendo que todos los días no pueden ser iguales. Necesito organizarme mejor y enfrentarme a retos nuevos.

Manuel

18 Los adverbios

Conexión: Consulta la información sobre los adverbios de frecuencia en el recuadro de Léxico de la página 57 del libro del estudiante.

Se usan para modificar el verbo o un adjetivo u otro adverbio.

La mayoría se forman: con la forma femenina del adjetivo + *mente*

Por ejemplo: *adecuado → adecuadamente*

Habrás visto muchos de ellos en todos los ejercicios.

Hay cuatro tipos de adverbios: **de modo, de tiempo, del lugar** o **de la cantidad**.

Modo	Tiempo	Cantidad	Lugar

• bien
• mal
• así
• despacio
  -mente
  etc.
	• ahora
	• tarde
	• luego
	• todavía
	• antes
	• después
	• ayer
	• anoche
	• mañana
	  etc.
		• mucho
		• poco
		• algo
		• todo
		• nada
		• bastante
		• demasiado
		• muy
		• casi
		• más
		• menos
		• suficiente
		  etc.
			• aquí
			• allí
			• dentro
			• fuera
			• arriba
			• cerca
			• enfrente
			  etc.

Adjetivos en adverbios

1 **Cambia estos adjetivos a adverbios.**

Adjetivo	Adverbio	Adjetivo	Adverbio
1 rápido		**11** fácil	
2 concreto		**12** fabuloso	
3 feliz		**13** inteligente	
4 astuto		**14** bello	
5 profundo		**15** constante	
6 alegre		**16** igual	
7 sincero		**17** cariñosa	
8 violento		**18** habitual	
9 curioso		**19** lente	
10 normal		**20** dulce	

Adverbios

2 **Completa las oraciones con los siguientes adverbios.**

> tristemente   igualmente   mal   perfectamente   constantemente   lentamente   demasiado
> rápidamente   libremente   frecuentemente   terminantemente

1 Él corrió el maratón _____ y llegó _____ cansado.
2 Mi abuela es muy vieja y _____ repite las mismas cosas.
3 Me miras _____.
4 En una dictadura, no se puede votar _____.
5 No veo a mi hermano muy _____.
6 Está prohibido _____ fumar en los lugares públicos.
7 Ella acaba de terminar la prueba. La hizo _____.
8 Soy un cero a la izquierda, juego _____.
9 Es necesario que tratemos a las mujeres y a los hombres _____.
10 No me grites, te oigo _____.

Mucho más

3 **Completa las oraciones con los siguientes adverbios.**

> muy   mucho/a/os/as

1 Tengo _____ sed.
2 Hace _____ brisa.
3 Él es un alumno _____ trabajador. Estudia _____.
4 Tenemos _____ amigos de Italia. Son _____ acogedores.
5 Lo siento _____ No lo voy a hacer nunca.
6 Carmen tiene _____ frío. Apaga el aire.
7 No quiero _____ dinero tampoco.
8 Es una persona con _____ ambición.
9 No ha llovido _____ este año.
10 Este ejercicio es _____ fácil.

Respuestas (Answers): www.hoddereducation.com/IBextras

19 El futuro

Tareas domésticas

Conexión: Consulta la información sobre el futuro en el recuadro de Gramática de la página 197 del libro del estudiante.

1 **Tu madre te pregunta si has hecho lo que debes hacer. Tienes que decirle que tú lo harás después.**

1 ¿Has regresado a casa? No, _____ a las 10.

2 ¿Has desayunado? No, _____ luego.

3 ¿Has comprado el pan? No, lo _____ esta tarde.

4 ¿Te has cepillado los dientes? No, _____ en 10 minutos.

5 ¿Has limpiado tu cuarto? No, lo _____ el sábado.

6 ¿Has puesto tu ropa en la guardarropa? No, la _____ antes de ir al trabajo.

7 ¿Has hecho tus deberes de ciencias? No, los _____ después de la merienda.

8 ¿Has sacado la basura? No, la _____ temprano mañana.

9 ¿Has dicho a tu padre que lo amas? No, _____ cuando regrese.

10 ¿Has facturado tu equipaje? No, lo _____ antes del vuelo.

11 ¿Has visto a tu hermana ya? No, la _____ en el restaurante esta noche.

12 ¿Has dicho a tu profe que estarás fuera de la escuela la semana que viene? No, se lo _____ mañana.

13 ¿Te has clasificado para los cuartos de final? No, _____ la próxima vez.

14 ¿Has salido con tu nuevo amigo ayer? No, _____ el fin de semana.

15 ¿Has escuchado el último álbum de Eminem? No, lo _____ en la biblioteca de la escuela.

Más práctica del futuro

2 **Conjuga los verbos en la forma apropiada del futuro.**

¡Cuidado! Hay algunos verbos irregulares.

1 En octubre, mis nietas _____ (venir) a visitarme.

2 _____ (Necesitar, ella) mi apoyo.

3 _____ (Viajar, ellos) solo en grupo.

4 Usted _____ (tomar) el autobús a las 06:00.

5 ¿_____ (Asistir) ustedes a nuestra reunión?

6 _____ (Salir, nosotras) muy temprano.

7 Si hace mal tiempo, _____ (quedarse, yo) en la casa.

8 Mi madre _____ (venir) el año próximo.

9 Ellos _____ (saber) hablar chino cuando vayan a China.

10 ¿Qué ropa te _____ (poner) para la fiesta de compromiso de Alexandra?

11 Mi abuelo nunca _____ (dejar) su pueblo.

12 El próximo otoño _____ (cumplir, yo) 21 años.

13 El profesor _____ (saber) la respuesta correcta.

14 _____ (Tener, vosotros) que preparar algo para el cumpleaños de Niel.

15 Después del desayuno, _____ (ir, yo) al banco.

16 Esta habitación es pequeña para 30 personas. No _____ (caber, nosotros) aquí.

17 No malgastes tu energía en sus cosas. No _____ (valer) la pena.

18 Tengo muchísimo trabajo. No _____ (poder) ir mañana a la boda.

19 No prepares pescado para ellos. No les _____ (gustar, ellas) nada ese tipo de pescado.

20 El pronóstico del tiempo dice que mañana _____ (hacer) buen tiempo.

Tipo de texto: el mensaje de texto / nota

Formato y convenciones del mensaje

La idea es de ser breve; sólo necesitas explicar algo directamente.

El objetivo es decir algo a alguien, pedirle un favor.

No se necesita escribir más que 100 palabras.

Necesitas incluir:
- Saludos
- La razón por la que has puesto la nota
- Lo que quieres de la persona (ideal, favor, etc.)
- Se puede ponerlo en una viñeta de ítems
- Despedidas

Hola Mamá:

No estaré aquí esta noche porque voy a la casa de Zana.

Tenemos que hacer una presentación juntas y vamos a preparar.

Por favor, ¿puedes comprar las siguientes cosas? Es que las necesito para mañana porque hay un carnaval en la escuela y no tengo tiempo para ir a las tiendas.

– Un gorro de Navidad rojo y blanco

– Una barba falsa

– Un traje de Santa Claus

¡Gracias!

Un beso,

Alicia.

Una nota a tus padres

3 Escribe una nota para informar tus padres que vas al cine con tus amigos.

Escribe entre 80 y 100 palabras.

Respuestas (Answers): www.hoddereducation.com/IBextras

Tipo de texto: la invitación

Conexión: En la página 124 del libro del estudiante, puedes ver un ejemplo de una invitación.

Cumpleaños en la playa

La quinceañera de Elisa

Invitado por: Elisa Balita

¿Cuándo? El 3 de enero de 2019 de las 4 de la tarde hasta ya no puedas ;-)

¿Dónde? En la playa de Cieneguita

Formato y convenciones de una invitación

Hay dos tipos de invitaciones: formal e informal.

Pero en ambos es necesario mencionar al menos:
- El evento: tipo de fiesta
- La fecha y hora: ¿cuándo?
- El lugar (la dirección): ¿dónde?
- La razón / el motivo: ¿el por qué?
- Su nombre
- El nombre del invitado
- Cualquier otra información importante: el tipo de vestuario, etc.

Alternativas para tener éxito

Saludos:
- Hola mis amigos/as

Frase para el evento (cumple u otro tipo):
- Con motivo de mi cumpleaños
- Sin ti esta celebración no sería perfecta
- Ven a disfrutar, compartir, pero principalmente a celebrar

Despedida:
- Espero poder contar con tu presencia
- No faltes
- Cuento contigo
- Nos divertiremos
- Te espero
- Trae buena onda

Ejemplo de una invitación informal:

Querido Juan:

El día 7 de agosto María cumplirá 13 años.

Así que, ¡vamos a celebrar el cumpleaños de María!

Te esperamos en: Ave Las Jaras 310 y Calle Dámaso Alonso a las 13:00hs. del sábado 7 de agosto de 2019.

Marca esta fecha en tu calendario y ven a divertirte con nosotros.

Para este cumpleaños no queremos etiquetas ni regalos, con tu presencia nos sobra y nos basta.

¡Te esperamos!

Marisol y Cristobal

Una invitación

4 Crea y escribe una invitación para la fiesta del día de los muertos que vas a celebrar en tu casa. Quieres invitarles para ver el altar de muertos que tu familia ha hecho en tu casa. Escribe al menos 70 palabras.

Puedes usar el texto de la página 136 del libro del estudiante para ayudarte.

Respuestas (Answers): www.hoddereducation.com/IBextras

Tipo de texto: el anuncio

Conexión: En la Unidad 4 del libro del estudiante has estudiado que la manera de vestirse depende de la temporada. También, hay otro tipo de anuncio. Se llaman "clasificados". En las páginas 253–254 del libro del estudiante, puedes ver algunos ejemplos.

Formato y convenciones de un anuncio

Ahora vas a aprender el formato de un anuncio para, por ejemplo, vender ropa que ya no usas.

Un anuncio se utiliza para vender, buscar, comprar u ofrecer objeto o servicios.

El formato es muy similar a un póster y tiene casi el mismo tipo de información:
- Título con el motivo del anuncio (*se vende, se busca, se ofrece*).
- Breve introducción para explicar las circunstancias.
- Viñeta y breve descripción para cada objeto o servicio (*qué, cómo, cuánto*).
- Frase de cierre y una frase persuasiva.
- Datos para contactar a la persona: teléfono, dirección (fecha y hora opcional).
- Imagen o fotos sobre el anuncio.

Se vende scooter

Me voy a vivir a otro país y vendo mi scooter.

- Es de marca Yamaha. Es importado.
- Es marrón y gris. Es casi nuevo. Es muy moderno.
- Lo compré sólo hace seis meses. Lo vendo a precio insuperable.
- Disponible a partir del 17 de enero.

¡No pierdas esta gran oportunidad!

Para más información, llama a Victoria al 91 326 83 54 después de las 6 de la tarde.

Un anuncio

5 Escribe un anuncio para vender la ropa que ya no usas. Usa el formato de arriba y empieza tu anuncio con la frase de abajo para ayudarte.

Es necesario escribir 100 palabras.

Se vende ropa de marca a precios increíbles

20 Las perífrasis verbales

A continuación, encontrarás unas perífrasis que se pueden utilizar para expresarse de forma verbal o escrita.

Para expresar obligación	Ejemplo
tener que + infinitivo	*Tienes que estudiar más para sacar buenas notas.*
deber + infinitivo	*Debes de hacer ejercicio cada día.*
hay que + infinitivo	*Hay que ser sincero. No es bueno mentir.*

Otras perífrasis verbales	Significado	Ejemplo
empezar a + infinitivo	comenzar a + infinitivo	*Este año he empezado a hacer una dieta.*
aprender a + infinitivo	aprender a + infinitivo	*Quiero aprender a tocar la guitarra.*
volver a + infinitivo	hacer algo otra vez	*No volveré a cometer el mismo error.*
dejar de + infinitivo	parar de hacer algo	*Deja de beber los refrescos que no son buenos para la salud.*
acabar de + infinitivo Con este significado, solo se conjuga en presente y en imperfecto	justo terminar algo	Presente: *acabo de comer = justo he comido* Imperfecto: *cuando me llamaste, acababa de comer = cuando me llamaste, justo había terminado de comer*
Deber de + infinitivo	para indicar probabilidad	*No sé por qué no ha venido hoy. Debe de estar enfermo.*

Las perífrasis

1 Rellena los espacios utilizando una de las perífrasis estudiadas.

Se puede utilizar unas perífrasis más de una vez.

1 Niños, _____ jugar y empezad a estudiar ahora mismo.
2 Si _____ hacerlo, no te voy a perdonar.
3 _____ trabajar duro para ganarse el pan de cada día. La vida no es un camino de rosas.
4 Mi abuela _____ llegar a casa. Es mejor que descanse.
5 _____ levantarte temprano y hacer yoga para mantenerte en forma.
6 No me contesta la llamada. _____ estar en una reunión.
7 La semana pasada mi hermana y yo _____ aprender tango. Es la primera vez que estamos aprendiendo algún baile.
8 Quiero _____ cocinar. Es mejor saber hacerlo.
9 Cuando nos llamaste, _____ poner la mesa para la cena.
10 ¿Por qué no _____ intentarlo? Sólo intentaste una vez.

Respuestas (Answers): www.hoddereducation.com/IBextras

21 El imperativo formal

El imperativo se usa para:
- dar órdenes
- dar sugerencias / consejos / recomendaciones
- pedir favores

El imperativo se conjuga en cuatro formas:
- *tú y vosotros* (la forma **informal**)
- *usted y ustedes* (la forma **formal**)

El imperativo en la forma formal: los verbos regulares

Observa que utilizamos el presente de subjuntivo cuando expresamos ideas imperativas.

	El grupo *-ar* Por ejemplo: **hablar**	
usted	habl**e**	no habl**e**
ustedes	habl**en**	no habl**en**

	El grupo *-er* e *-ir* Por ejemplo: *comer, escribir*			
usted	com**a**	no com**a**	escrib**a**	no escrib**a**
ustedes	com**an**	no com**an**	escrib**an**	no escrib**an**

Conexión: Consulta la información sobre el presente de subjuntivo en la página 278 del libro del estudiante.

El imperativo en la forma formal: verbos regulares

1 Conjuga los verbos regulares en la forma de *usted* y *ustedes* en el imperativo.

1 _____ (Beber, usted) 2 litros de agua cada día.

2 No _____ (hablar, ustedes) en inglés en la clase de español.

3 _____ (Esperar, usted) el autobús aquí. Vendrá en unos minutos.

4 _____ (Abrir, usted) la ventana que falta aire en esta habitación.

5 No _____ (subir, ustedes) el volumen tanto. No podemos trabajar así.

6 _____ (Completar, ustedes) todos los ejercicios para mañana.

7 No _____ (comprar, ustedes) cosas tan caras. No valen la pena.

8 _____ (Trabajar, usted) duro para tener éxito.

9 No _____ (olvidar, ustedes) las llaves.

10 No _____ (leer, usted) esta revista. Le recomiendo esta otra.

El imperativo en la forma formal: los verbos irregulares - cambios vocálicos

Todos los verbos con cambios vocálicos en el presente tienen los mismos cambios vocálicos en el imperativo de *usted* y *ustedes*.

	Pensar (e → *ie*)		Volver (o → *ue*)		Repetir (e → *i*)	
usted	piense	no piense	vuelva	no vuelva	repita	no repita
ustedes	piensen	no piensen	vuelvan	no vuelvan	repitan	no repitan

El imperativo en la forma formal: verbos irregulares 1

2 **Conjuga los verbos irregulares en la forma apropiada de imperativo.**

1 _____ (Pensar, usted) antes de tomar cualquier decisión.

2 No le _____ (pedir, ustedes) ningún favor si le conocen bien.

3 _____ (Resolver, usted) el problema tan pronto como sea posible.

4 _____ (Volver, ustedes) a hacer los ejercicios para mejorar más.

5 No _____ (mentir, usted) nunca a nadie.

6 _____ (Cerrar, usted) la puerta que hace mucho ruido.

7 Niños, no _____ (repetir, ustedes) este error.

8 _____ (Dormir, usted) bien esta noche. Si no descansa hoy, se va a enfermar.

9 No _____ (encender, usted) la luz. Está muy soleado ya.

10 No _____ (hervir, ustedes) mucho las patatas.

Respuestas (Answers): www.hoddereducation.com/IBextras

El imperativo de *usted/ustedes*

Todos los verbos que son irregulares en la primera persona del presente, son irregulares en el imperativo formal también.

Quitamos la -o y cambiamos a -*a*.

El imperativo en la forma formal: verbos irregulares 2

3 Conjuga los verbos irregulares en la forma apropiada de imperativo, siguiendo los ejemplos.

Verbo	Primera persona en el presente de indicativo	La conjugación del imperativo usted, ustedes
salir	salg**o**	salg**a**, salg**an**
oír	oig**o**	oig**a**, oig**an**
hacer	hag**o**	hag**a**, hag**an**
tener	teng**o**	
ir	v**oy**	vay**a**, vay**an**
ver	veo	
poner	pongo	
venir	vengo	
valer	valgo	
decir	digo	
seguir	sigo	
coger	cojo	
corregir	corrijo	
conducir	conduzco	

El imperativo formal: excepciones

Excepciones a esta regla

Hay algunos verbos que son irregulares en la primera persona del presente **pero** son regulares en el imperativo.

Verbo	Primera persona del presente	Imperativo de usted, ustedes
ser	soy	sea, sean
saber	se	sepa, sepan
dar	doy	de, den

El imperativo en la forma formal: verbos irregulares 3

4 **Conjuga los verbos en la forma correcta del imperativo.**

1 _____ (Recoger, usted) la basura. No es bueno tirarla en cualquier sitio.

2 _____ (Tener, ustedes) más paciencia con los niños.

3 No _____ (salir, usted) tan tarde en esta ciudad. No es segura.

4 No _____ (ser, ustedes) tan perezosos.

5 _____ (Venir, usted) a tiempo a la reunión. Hay muchas cosas que hacer.

6 No _____ (ir, ustedes) a España en agosto. Hace un calor infernal.

7 _____ (Reducir, usted) la temperatura del aire por favor. Tengo mucho frio.

8 _____ (Seguir, ustedes) las instrucciones de los profesores como tal.

9 No _____ (dar, ustedes) tanta importancia a estos rumores.

10 _____ (Hacer, usted) la transferencia bancaria lo antes posible.

11 _____ (Conducir, ustedes) según las normas del tráfico en este país.

12 No _____ (elegir, usted) este vestido. Es muy soso.

13 _____ (Corregir, usted) nuestros errores, por favor. Mejoraremos solo si nos corrige.

14 _____ (Poner, usted) los libros aquí. Luego los miro.

15 No _____ (dar, usted) chocolates cada día a los niños, por favor.

Respuestas (Answers): www.hoddereducation.com/IBextras

El imperativo en la forma formal: los verbos que terminan en -car, -zar y -gar

	Llegar -gar → -gue	
usted	llegue	no llegue
ustedes	lleguen	no lleguen

	Cruzar -zar → -ce	
usted	cruce	no cruce
ustedes	crucen	no crucen

	aparcar -car → -que	
usted	aparque	no aparque
ustedes	aparquen	no aparquen

El imperativo en la forma formal: los verbos que terminan en -car, -zar y -gar

5 Conjuga los verbos según la forma estudiada arriba:

1 No _____ (apagar, usted) el aire. Lo necesitamos.

2 _____ (Cargar, ustedes) los móviles antes de salir de casa.

3 No _____ (comenzar, ustedes) antes de las 10.00.

4 No _____ (tocar, ustedes) las flores en el jardín. Está prohibido.

5 _____ (Cruzar, usted) la calle solo cuando el semáforo se ponga rojo.

6 No _____ (colgar, ustedes) fotos en las redes sociales. Es peligroso.

7 _____ (Buscar, usted) el lápiz de memoria en todas las partes. Es importante encontrarlo.

8 _____ (Rezar, usted) cada día por la salud de toda la familia.

9 _____ (Explicar, ustedes) su propuesta con todos los detalles al tribunal.

10 No _____ (aparcar, usted) el coche aquí. No se permite.

El imperativo en la forma formal: los verbos reflexivos

La forma de conjugarlos es igual. Solo hay que tener cuidado con la colocación de los pronombres.

Observa cómo cambia la colocación de los pronombres:

	Levantarse		Dormirse	
usted	levántese	no se levante	duérmase	no se duerma
ustedes	levántense	no se levanten	duérmanse	no se duerman

El imperativo en la forma formal: los verbos reflexivos

6 **Conjuga los verbos reflexivos y cambia la colocación de los pronombres según convenga.**

1 No _____ (despertarse, ustedes) tarde. Pongan un despertador.

2 _____ (Quitarse, usted) los zapatos antes de entrar en esta habitación.

3 _____ (Vestirse, ustedes) de forma apropiada para la ceremonia de graduación.

4 No _____ (secarse, ustedes) el pelo con el secador.

5 No _____ (enfadarse, usted) tanto con los hijos.

6 _____ (Sentarse, ustedes) aquí por favor. El médico va a venir en un rato.

7 No _____ (reírse, ustedes) de ella.

8 No _____ (sentirse, usted) mal por el fracaso. Hay que aprender de los fracasos.

9 _____ (Divertirse, ustedes) mucho en las vacaciones.

10 _____ (Ponerse, usted) el abrigo antes de salir que hace mucho frío fuera.

Respuestas (Answers): www.hoddereducation.com/IBextras

22 El imperativo informal

El imperativo en la forma informal: los verbos regulares

Ahora aprendamos a conjugar la formal informal. Es diferente en la forma afirmativa y negativa.

Los verbos regulares:

	El grupo -ar Por ejemplo: *hablar*	
tú	habla	no hables
vosotros	hablad	no habléis

	El grupo -er e -ir Por ejemplo: *comer, escribir*			
tú	come	no comas	escribe	no escribas
vosotros	comed	no comáis	escribid	no escribáis

El imperativo en la forma informal: los verbos regulares

1 Conjuga los verbos regulares en la forma de *tú* y *vosotros* en el imperativo.

1 _____ (Fumar, tú) tanto. Es perjudicial para la salud.

2 No _____ (hablar, vosotros) en voz alta.

3 _____ (Correr, tú) una hora cada día. Es muy beneficioso.

4 No _____ (abrir, tú) la ventana que hace mucho frío.

5 No _____ (meter, vosotros) tanto dinero en su cuenta. No lo necesita.

6 _____ (Terminar, vosotros) todos los ejercicios para mañana.

7 No _____ (comprar, tú) este vestido. No es de buena calidad.

8 _____ (Trabajar, vosotros) duro para sacar buenas notas.

9 No _____ (olvidar, tú) de hacer la tarea.

10 _____ (Leer, tú) por lo menos una hora cada día.

11 No _____ (engañar, vosotros) a nadie en la vida.

12 _____ (Cumplir, tú) todas las promesas que hagas.

13 No _____ (dividir, vosotros) el trabajo de forma injusta. Todos deben tener igual de trabajo.

14 No _____ (gastar, tú) tanto dinero en comida. Mejor cocinas cada día.

15 _____ (Creer, vosotros) en Dios.

El imperativo en la forma informal: los verbos irregulares –cambios vocálicos

Todos los verbos con cambios vocálicos en el presente tienen los mismos cambios vocálicos en el imperativo de *tú*.

Los cambios vocálicos no pasan en la forma *vosotros* como en el presente de indicativo.

	Pensar (*e → ie*)		Volver (*o → ue*)	
tú	piensa	no pienses	vuelve	no vuelvas
vosotros	pensad	no penséis	volved	no volváis

Casos especiales:

	Dormir	
tú	duerme	no duermas
vosotros	dormid	no durmáis

	Sentir	
tú	siente	no sientas
vosotros	sentid	no sintáis

El imperativo en la forma informal: los verbos irregulares 1

2 **Conjuga los verbos irregulares en la forma apropiada de imperativo.**

1 _____ (Calentar, tú) la comida, por favor. Tengo mucha hambre.

2 _____ (Pensar, tú) antes de tomar cualquier decisión.

3 No le _____ (pedir, tú) dinero a nadie.

4 No _____ (interferir, vosotros) en sus cosas personales.

5 _____ (Resolver, vosotros) el problema tan pronto como sea posible.

6 No _____ (volver, tú) a hacerlo nunca. No te voy a perdonar.

7 No me _____ (mentir, tú). No tengo paciencia para las mentiras.

8 _____ (Competir, vosotros) con vosotros mismos.

9 No me _____ (servir, tú) mucho, por favor. Ya he comido mucho.

10 _____ (Encender, tú) la luz, por favor. No se ve nada aquí.

11 No _____ (perder, vosotros) el dinero.

12 No _____ (freír, tú) el pescado más que 3 a 4 minutos.

13 _____ (Dormir, vosotros) bien sin preocuparos por nada.

14 No _____ (repetir, tú) lo mismo.

15 _____ (Recordar, vosotros) qué tenéis un examen el martes próximo.

Respuestas (Answers): www.hoddereducation.com/IBextras

El imperativo en la forma informal: los verbos que terminan en *-car, -zar* y *-gar*

	Llegar *gar → gue*	
tú	llega	no llegues
vosotros	llegad	no lleguéis

	Cruzar *zar → ce*	
tú	cruza	no cruces
vosotros	cruzad	no crucéis

	Aparcar *car → que*	
tú	aparca	no aparques
vosotros	aparcad	no aparquéis

El imperativo en la forma informal: los verbos irregulares 2

3 **Conjuga los verbos según la forma estudiada arriba.**

1 No _____ (apagar, tú) el aire. Lo necesitamos.

2 _____ (Jugar, tú) al baloncesto tres veces por semana al menos.

3 No _____ (empezar, vosotros) la reunión antes de las 10.00.

4 No _____ (tocar, tú) esa canción. No me gusta.

5 _____ (Cruzar, tú) la calle solo cuando el semáforo se ponga rojo.

6 No _____ (colgar, ustedes) fotos en las redes sociales. Es peligroso.

7 _____ (Buscar, tú) mi cuaderno, por favor. Es más importante que mi vida.

8 _____ (Rezar, vosotros) cada día. Es bueno para todos.

9 _____ (Explicar, tú) tu propuesta con todos los detalles al tribunal.

10 No _____ (aparcar, vosotros) el coche aquí. No se permite.

El imperativo en la forma informal: los verbos irregulares en la forma de *tú*

Hay unos verbos que son irregulares en la forma afirmativa de *tú*. Son regulares en la forma afirmativa de *vosotros*.

■ El imperativo en la forma informal: los verbos irregulares 3

Conjuga los verbos en la forma correcta de 'tú' y 'vosotros'.

4 **En la forma negativa, las conjugaciones se parecen a las de *usted* y *ustedes*.**

Verbo	La conjugación del imperativo: afirmativo tú, vosotros	La conjugación del imperativo: negativo tú, vosotros
ser	se, _____	no _____, no seáis
salir	sal, salid	no salgas, no _____
oír	oye, _____	_____, no oigáis
hacer	haz, _____	no hagas, no _____
tener	ten, _____	no tengas, no _____
ir	ve, id	no vayas, no _____
decir	di, _____	no _____, no digáis
poner	pon, _____	no _____, no pongáis
traer	trae, _____	no _____, no traigáis
conducir	conduce, conducid	no _____, no conduzcáis
elegir	elige, elegid	no elijas, no _____

■ El imperativo en la forma informal: los verbos irregulares 4

5 **Conjuga los verbos en la forma correcta del imperativo.**

1 _____ (Tener, tú) más paciencia con los niños.
2 No _____ (traer, vosotros) ningún regalo para la fiesta.
3 No _____ (salir, tú) tan tarde en esta ciudad. No es segura.
4 No _____ (ser, vosotros) tan perezosos.
5 _____ (Venir, tú) a tiempo a la reunión. Hay muchas cosas que hacer.
6 No _____ (ir, vosotros) a España en agosto. Hace un calor infernal.
7 _____ (Reducir, tú) la temperatura del aire, por favor. Tengo mucho frio.
8 _____ (Seguir, vosotros) las instrucciones de los profesores como tal.
9 No _____ (dar, tú) tanta importancia a estos rumores.
10 _____ (Hacer, tú) la transferencia bancaria lo antes posible.
11 _____ (Conducir, vosotros) según las normas del tráfico en este país.
12 No _____ (elegir, tú) este vestido. Es muy soso.
13 _____ (Corregir, tú) nuestros errores, por favor. Mejoraremos solo si nos corriges.
14 _____ (Poner, tú) los libros aquí. Luego los miro.
15 No _____ (ir, tú) tan pronto, por favor. Quédate unos días más.

Respuestas (Answers): www.hoddereducation.com/IBextras

El imperativo en la forma informal: los verbos reflexivos

La forma de conjugarlos es igual. Sólo hay que tener cuidado con la colocación de los pronombres y la forma afirmativa de *vosotros*.

Observa como cambia la colocación de los pronombres

	Levantarse		**Dormirse**	
tú	levántate	no te levantes	duérmete	no te duermas
vosotros	**levantaos**	no os levantéis	**dormíos**	**no os durmáis**

■ El imperativo en la forma informal: los verbos reflexivos

6 Conjuga los verbos reflexivos y cambia la colocación de los pronombres según convenga.

1 No _____ (despertarse, vosotros) tarde. Poned un despertador.

2 _____ (Quitarse, tú) los zapatos antes de entrar en esta habitación.

3 _____ (Vestirse, vosotros) de forma apropiada para la ceremonia de graduación.

4 No _____ (secarse, vosotros) el pelo con el secador.

5 No _____ (enfadarse, tú) tanto con los hijos.

6 _____ (Sentarse, vosotros) aquí, por favor. El médico va a venir en un rato.

7 No _____ (reírse, tú) de ella.

8 No _____ (sentirse, tú) mal por el fracaso. Hay que aprender de los fracasos.

9 _____ (Divertirse, vosotros) mucho en las vacaciones.

10 _____ (Ponerse, tú) el abrigo antes de salir que hace mucho frío fuera.

■ El imperativo en una receta

7 Has aprendido el imperativo. Transforma el texto siguiente usando el imperativo positivo con la forma de *tú*.

1 _____ (Picar) los ajos y los _____ (cocinar) a fuego lento durante 1 minuto.

2 _____ (Añadir) un medio kilo de tomates pelados y troceados y _____ (subir) el fuego. _____ (Sazonar) y _____ (guisar) durante un rato. Cuando el agua de los tomates se ha evaporado, _____ (bajar) el fuego y _____ (continuar) a remover durante 5 minutos más.

3 Después de preparar el pico de gallo. En un cuenco, _____ (echar) toda la verdura de la salsa bien picada. _____ (Agregar) el zumo de media lima o de medio limón.

4 Después de cocinar el tomate, _____ (picar) la carne que hemos elegido. _____ (Freír) la carne a fuego fuerte. Con una cuchara de madera, _____ (remover) toda la carne picada porque cuando está más fina, es mejor. _____ (Mezclar) la carne con el tomate y el ajo.

5 Ahora ¡ya está lista! Sólo tienes que calentar las tortillas una tras otra, y después poner encima unas cucharadas de la carne con un poco de pico de gallo. Y ya está listo.

El imperativo para dar direcciones

8 Debes indicar a un amigo el camino para ir desde la central de autobuses hasta el jardín Reforma vía el estadio de béisbol, Mexiamora, y la Estación de Bomberos.

Para ayudarte puedes usar las siguientes palabras.

> pasa   cruza   toma   sigue   está   gira   a la derecha   a la izquierda   camina

Primero, ...
....

Segundo, ...
....

Después, ...
....

Conexión: En la Unidad 2 del libro del estudiante, has visitado Guanajuato. Ahora practica cómo indicar el camino usando el imperativo. Observa el mapa en la página 34 del libro del estudiante; también consulta la información sobre los verbos que pueden ser útiles para dirigirse en la cuidad en el recuadro de Léxico de la página 38.

Tipo de texto: la receta

Formato y convenciones de una receta

Una receta es nada más que una lista de instrucciones. Se puede encontrarla en libros, en internet, revistas, etc.

Para hacerla, tienes que ser organizado. Aquí está el formato y lo que debes incluir:

- Nombre de la receta / del plato
- Para cuántas personas
- Lista de los ingredientes
- Pasos para la elaboración (instrucciones)
- Verbos en imperativo o infinitivo
- Tiempo
- Nivel de dificultad (opcional)
- Una foto (opcional)

Receta de tarta de chocolate

Ingredientes para 4–6 personas:

250 gr. de chocolate de cobertura

2 vasos de leche

250 gr. de azúcar

125 gr. de mantequilla

125 gr. de harina

6 yemas y 8 claras de huevo

Mantequilla y harina para untar el molde

150 gr. de chocolate glaseado

Elaboración:

En una cazuela pon la leche con el azúcar, la mantequilla y el chocolate. Calienta suavemente y removiendo hasta que los ingredientes se fundan y se mezclen. Añade las yernas sin parar de remover y a continuación la harina tamizada, mezclándolo todo bien. Retira del fuego.

Deja reposar la masa hasta que pierda calor. Mientras, monta las claras a punto de nieve. Añade estas claras al resto y mezcla con cuidado.

Coloca la masa en un molde untado con mantequilla y espolvoreado con harina. Hornea a 175° durante 30 a 40 minutos. Deja enfriar, desmolda y baña la tarta con el chocolate glaseado.

Adaptado de hogarutil.com, en www.rinconprofele.com/2015/03/recetas-del-mundo.html

Una receta que te guste

9 Escribe la receta de la paella o de cualquier plato que te guste. Incluye el imperativo. Organiza tus instrucciones. Escribe como mínimo 150 palabras.

Conexión: Considera los vídeos en la página 107 del libro del estudiante.

_____

_____

_____

_____

_____

_____

_____

_____

_____

_____

_____

_____

_____

_____

_____

_____

_____

_____

_____

_____

_____

_____

_____

Tipo de texto: el póster

Formato y convenciones de un póster

Un póster se utiliza para difundir un mensaje o información
- Títulos y subtítulos atractivos que deberán despertar interés.
- Tipo de evento y motivo.
- Poner fecha, hora, lugar y dar indicaciones para llegar.
- Viñeta con informaciones claras y precisas.
- Frases persuasivas usando el imperativo cuando sea necesario, signos de exclamación e interrogación.
- Terminar con un eslogan o algo memorable.
- Para más información:
  - visite la página web: www.bbbb.com
  - contactar a: ...

Conexión: En la página 346 del libro del estudiante aparece un poster cuyo propósito es ayudar a las personas a identificar las noticias falsas. Estúdialo y considéralo para escribir el tuyo.

¡Anímate!

ASUNCIÓN RECICLA EN COLORES

Celebra con nosotros la

¡Fiesta del Reciclaje!

Competición de reciclaje por equipos
Taller *"Fabrica tu papel"*

Jueves 25 Mar
16.00h a 19h00 h

Y mucho más

El día internacional de la salud

10 Haz un póster para el Día Internacional de la Salud y de los deportes en tu escuela (120 palabras). Habrá un taller sobre "cómo evitar las lesiones". Necesitas un eslogan y da información sobre el evento.

Conexión: En la Unidad 8 del libro del estudiante, se habla de la manera de mantenerse en forma. También, consulta la información de los deportes en el recuadro de Léxico de la página 170 del libro del estudiante.

Utiliza la información en la infografía en las páginas 178–179 del libro del estudiante.

Respuestas (Answers): www.hoddereducation.com/IBextras

23 El condicional

Conexión: Consulta la información sobre el condicional en el recuadro de Gramática de la página 204 del libro del estudiante.

Todos los verbos en el condicional tienen las mismas conjugaciones:

	Viajar	Ver	Ir
yo	viajaría	vería	iría
tú	viajarías	verías	irías
él / ella / usted	viajaría	vería	iría
nosotros / nosotras	viajaríamos	veríamos	iríamos
vosotros / vosotras	viajaríais	veríais	iríais
ellos / ellas / ustedes	viajarían	verían	irían

▨ Similar al futuro simple

1 Todos los verbos que son irregulares en el futuro son irregulares en el condicional también.

Completa la tabla abajo.

Verbo	Conjugación en el futuro	Conjugación en el condicional
decir	diré	diría
hacer	haré	
poder	podré	
poner		pondría
saber		sabría
querer	querré	
salir		saldría
caber	cabré	
valer	valdré	
venir		vendría
tener	tendré	

▨ El condicional

2 Conjuga los siguientes verbos en la forma correcta del condicional.

1 _____ (Gustar, a mi) viajar por toda la Latinoamérica.

2 No _____ (querer, yo) estar en su puesto. Es un rollo hacer lo que hace ella.

3 ¿Me _____ (poder, tú) ayudar a limpiar mi dormitorio?

4 Yo en tu lugar, no les _____ (decir) toda la verdad ahora.

5 ¿Qué _____ (hacer, vosotros) en este caso?

6 Creo que no _____ (llegar, tú) a tiempo. Ya son las 2.00.

7 No vino ayer a trabajar. Quizás _____ (tener, él) fiebre.

8 ¿_____ (Venir, tú) a la fiesta de mi cumpleaños?

9 ¿Crees que _____ (caber, nosotros) en este coche? Es muy pequeño.

10 Yo que tú, no _____ (comprar) este vestido sino el otro.

Tipo de texto: la carta formal

Formato y convenciones de una carta formal

Una carta formal es un documento en el cual se hace uso del lenguaje formal; se dirige a instituciones, figuras representativas u organizaciones oficiales. Se le llama formal, por el nivel de relación entre las personas que se comunican.

Aquí, está el formato y lo que se debe incluir:
- Nombre y dirección del remitente (en español).
- Nombre y dirección del destinatario (en español).
- El lugar y la fecha en español (por ejemplo: 14 de octubre de 2019).
- El asunto pertinente al tema.
- Saludo (hay dos puntos después del saludo).
- Introducción.
- El cuerpo de la carta.
- La despedida.
- El nombre de la persona que escribe y la firma.

Elina Chavarri
Avenida San Cristobal, 56
08005 Barcelona

Hotel Puerta Valencia
Ruta del Cardenal Benlloch, 18
46020 Valéncia

Barcelona, 18 de noviembre de 2019

Asunto: mi reserva

Estimado Sr. Almas:

Debido a que se ha presentado un inconveniente, le solicitamos cancelar la reserva que efectuamos a la familia Chavarri del martes, 16 de marzo, al martes, 30 de marzo.

Le agradeceremos si nos confirma usted este cambio de la reserva lo antes posible.

En espera de su respuesta.

Atentamente,

Elina Chavarri

Alternativas para tener éxito

Saludos:
- Estimado Señor / Estimada Señora / Estimados Señores / Estimadas Señoras
- Distinguido/a
- Muy señor mío / Muy señores míos / Muy señora mía / Muy señoras mías

Introducción:
- Me dirijo a usted para comunicarle / informarle
- Le escribo esta nota porque me gustaría
- Le escribo para / porque / con referencia a

Despedida:
- Le saludo atentamente
- Saludos cordiales
- Agradeciendo le(s) de antemano su(s) atención/ones / ayuda(s)
- Dándole(s) las gracias por anticipado
- En espera de su respuesta

Respuestas (Answers): www.hoddereducation.com/IBextras

Una carta formal

3 **Quieres crear una asociación caritativa en tu colegio. Escribe una carta formal al director de tu colegio. Incluye lo siguiente:**

- El propósito de la carta
- Dos razones por las que quieres crear la asociación
- Información sobre las posibilidades
- Las permisiones

Escribe al menos 120 palabras.

Tipo de texto: el folleto

Conexión: En la página 316 del libro del estudiante, has visto un ejemplo de un folleto.

Formato y convenciones de un folleto

Un folleto se utiliza para dar consejos, información o instrucciones o para promover algo. Es muy similar a un póster y tiene casi el mismo tipo de información:

- Títulos y subtítulos atractivos y deberán despertar el interés en el lector.
- Plegada en tres partes como un tríptico.
- Viñeta de la información clara y precisa.
- Organiza la información en párrafos (1 párrafo = 1 idea).
- Frases persuasivas con signo de exclamación o de interrogación (imperativo, infinitivo, condicional).
- Imágenes o fotos.
- Para más información:
  - visite la página web: www.xyz.com
  - contactar a: [los datos de la persona o de la organización responsable]

Ahorra energía

4 Escribe un folleto para dar consejos para ahorrar energía en la vida cotidiana.

Puedes usar el modelo de la página 316 del libro del estudiante como referencia. Escribe 120 palabras.

Los transportes eficientes	Coeficiente de energía en la casa	Ahorrar cada día

Respuestas (Answers): www.hoddereducation.com/IBextras

24 El presente de subjuntivo

El presente de subjuntivo (verbos regulares)

Conexión: Consulta la información sobre el subjuntivo en el recuadro de Gramática de las páginas 278 – 279 del libro del estudiante.

1 Conjuga los siguientes verbos en la forma correcta del subjuntivo.

1 Deseo que mi hermana _____ (ganar) el partido. Se lo merece.

2 Su familia teme que su compañía le _____ (echar) del trabajo.

3 A mi padre le gusta que _____ (trabajar, yo) como voluntario en la casa de ancianos.

4 La profesora me aconseja que _____ (estudiar) mucho más.

5 No me importa que no me _____ (invitar, ellos) a la fiesta.

6 Prefiero que me _____ (hablar, tú) todo claramente. Soy muy directa.

7 A mis abuelos les encanta que toda la familia _____ (pasar) tiempo juntos.

8 ¿Qué recomiendas que _____ (ordenar, nosotros) aquí? ¿Cuál es la especialidad de la casa?

9 El médico sugiere que mi padre _____ (andar) al menos una hora cada día para mantener su salud.

10 Necesito que me _____ (ayudar, tú) con las tareas de casa hoy. La muchacha no va a venir.

El subjuntivo con muchos verbos irregulares

2 Conjuga los siguientes verbos en la forma correcta del subjuntivo.

1 Todavía está enfermo. No pienso que _____ (venir, él) a la reunión.

2 ¿Quieres que te _____ (hacer, yo) un café?

3 Espero que nos _____ (tocar) un profesor bueno.

4 Hace muy buen tiempo. Tengo muchas ganas de que _____ (ir, nosotros) de picnic a un lugar cercano.

5 Te pido que me _____ (decir) toda la verdad. No me gustan las mentiras.

6 Ellos quieren que les _____ (dar, yo) todo el material para el concurso.

7 ¿Quieres que _____ (ir, nosotros) contigo? Estamos libres.

8 Es necesario que _____ (tener, tú) más paciencia con tu hermano.

9 Tengo miedo de que _____ (saber, ellos) toda la historia.

10 Las reglas de la escuela exigen que los estudiantes _____ (ser) puntuales.

El subjuntivo

3 Conjuga los siguientes verbos en la forma correcta del subjuntivo.

1 Te lo cuento ahora para que luego no me _____ (echar) la culpa.

2 Aunque _____ (trabajar, nosotros) todo el día, no llegaremos a entregarlo a tiempo.

3 Cuando _____ (ir) a España, probaré la paella.

4 Prepararé la comida antes de que _____ (venir) los invitados.

5 Me pondré a trabajar después de que _____ (salir) los niños para jugar. Es que es imposible concentrarme cuando están ellos.

6 Yo iré al banco mientras _____ (recoger, tú) a los niños.

7 Me dijo que iba a venir pero aun no me ha confirmado. Quizás no _____ (asistir, él) a la fiesta. No lo sé.

Tipo de texto: el artículo de periódico

Conexión: En la página 160 del libro del estudiante, has descubierto cómo escribir un artículo.

Formato y convenciones del artículo

Existen varios tipos de artículo: de revista, de prensa, etc. para informar o convencer de algo. Aquí está el formato y lo que debes incluir:
- La lengua debe ser formal
- Nombre de la revista (si es un artículo de revista)
- Título del artículo
- Frase de introducción
- Cuerpo del artículo (una idea para cada párrafo, puntuación, conectores)
- Conclusión breve
- Frase de cierre
- Escrito por autor y fecha
- Foto (opcional)

PRÁCTICA ESPANOL –8 DE ENERO DE 2019

LA CANCIÓN "BOHEMIAN RHAPSODY" DE QUEEN, LA MÁS ESCUCHADA EN EL SIGLO XX

La canción "Bohemian Rhapsody" (1975) del grupo británico Queen se ha convertido en la canción más escuchada del siglo XX, según señaló Universal Music Group (UMG) en un comunicado.

Cuarenta y tres años después de su lanzamiento la mítica melodía ha vivido un pico de popularidad este año, coincidiendo con el estreno de la película homónima que narra la vida del líder de la banda, Freddie Mercury.

El tema, de más de cinco minutos de duración, ha superado, según la discográfica, los 1.600 millones de reproducciones en *streaming*, convirtiéndose en la canción del siglo pasado más escuchada de la historia.

Cuando se estrenó, el 31 de octubre de 1975, logró mantenerse nueve semanas consecutivas como número uno en el Reino Unido, un récord para la época, y es la única canción que ha llegado dos veces al top 1 de las listas inglesas en Navidad.

"Bohemian Rhapsody" ha sido reconocida en muchas ocasiones como una de las mejores canciones de la historia y en el año 2004 fue introducida en el Grammy Hall of Fame.

En conclusión, ¡es increíble! Freddie Mercury y John Deacon, Brian May y Roger Taylor han vendido como Queen más de 300 millones de álbumes en todo el mundo.

Escrito por El profe de español

www.practicaespanol.com/la-cancion-bohemian-rhapsody-de-queen-la-mas-escuchada-en-el-siglo-xx

Respuestas (Answers): www.hoddereducation.com/IBextras

Libertad de la prensa

Conexión: Lee la entrevista de Lolita en el libro del estudiante en las páginas 275–276.

4 Como parte de tus experiencias de CAS, has decidido redactar un artículo para defender la libertad de expresión.

Tu artículo aparecerá en la revista de tu escuela, la cual leen tanto padres de familia como alumnos. En tu artículo, menciona por qué es importante defender la libertad de expresión e incluye algunos ejemplos de la vida real para apoyar tus ideas. Escribe 150 palabras.

Tipo de texto: la entrevista

Después de aprender el formato de la entrevista, vas a realizar una sobre su compromiso para el cambio climático.

Conexión: En la Unidad 14 del libro del estudiante, has visto que Leonardo DiCaprio recibió su primer Óscar por su papel de protagonista en la película "El renacido".

Formato y convenciones de la entrevista

La entrevista es un diálogo en cuatro partes.

Aquí está el formato y lo que debe incluir:
- Título, fecha de la entrevista, donde ha ocurrido.
- Introducción breve:
  - de la persona entrevistada (su nombre, sus hechos importantes)
  - o sobre el tema de la entrevista.
- Las preguntas y respuestas.
- Dar las gracias al entrevistador.

Entrevista a Leonardo DiCaprio

Entrevista a Leo DiCaprio, realizada por Alejandro González Iñárritu, el 29 de febrero de 2016 en la ceremonia de los Óscar.

Alejandro González Iñárritu, un gran director, ganó dos premios Óscar de manera consecutiva, en la categoría de mejor director. Leonardo, por fin, ganó su premio Óscar por su actuación.

Alejandro: Es un honor haber trabajado contigo. ¿Cómo explicas el éxito de la película?

Leo: Hola Alejandro, para mí también, fue un placer contar con tu dirección en esta peli. Pues, es difícil de explicar, realmente no puedo ser objetivo en tu presencia. Vale, te explico lo difícil que fue la experiencia.

Todos los actores sabíamos que íbamos a meternos de lleno en los elementos, íbamos a estar en lugares lejanos con circunstancias extremas. Específicamente mi personaje está en increíbles secuencias de supervivencia en esta película. Sabíamos que teníamos que estar preparados, teníamos que ser lo suficientemente fuertes para sobrevivir a esos elementos, pero la naturaleza fue muy impredecible cuando hicimos la película.

A: Jaja, yo sé, un perfeccionista, hasta los extremos. Entonces ¿la experiencia fue gratificante?

L: ¡Qué eufemismo! Los extremos patrones del clima en los que estuvimos, especialmente en 2015, siendo el año más caluroso registrado en la historia, la experiencia fue mucho más profunda, mucho más difícil y mucho más gratificante de lo que pudimos prever.

A: Gracias Leo, espero que trabajemos junto en el futuro.

L: Igualmente.

Adaptado de: https://www.caras.com.mx/que-dijo-leonardo-dicaprio-sobre-trabajar-con-alejandro-gonzalez-inarritu-pelicula-inarritu-the-reve/

Respuestas (Answers): www.hoddereducation.com/IBextras

El cambio climático

5 Ahora, trabajas como reportero/a por una famosa revista española de cine que se llama Fotogramas. Estas enviado/a especial en Hollywood y publicará tu reportaje sobre los Óscar en la revista. Tienes el privilegio de hablar diez minutos con Leonardo DiCaprio sobre su compromiso en la lucha contra el cambio climático. Escribe el texto de tu entrevista entre 120 y 150 palabras.

25 Las preposiciones y los conectores

Verbos que rigen ciertas preposiciones

En español, algunos verbos rigen algunas preposiciones y es obligatorio seguir estas preposiciones.

soñar con	encontrarse con alguien	acostumbrarse a
invitar a	pensar en	cuidar de
rezar por	pensar de	casarse con
ir a	llegar a	consistir en
darse cuenta de	asistir a	tardar en
contar con	ayudar a	olvidarse de
enamorarse de	disfrutar de	cambiar de
confiar en	preocuparse por	quejarse de

Los verbos que rigen preposiciones

1 **Rellena el ejercicio con la preposición adecuada.**

1 ¿Qué piensas _____ la película? ¿Te ha gustado?

2 Por favor, ayúdame _____ hacer la tarea. Es complicada.

3 ¿Por qué no asistes _____ la reunión hoy? Te ayudará _____ comprender el proyecto mejor.

4 Puedes contar _____ conmigo. Siempre estaré a tu lado.

5 Si no confías _____ nosotros, no nos preguntes nada.

6 Se conocieron en la uní y se enamoraron el uno _____ otro a la primera vista.

7 Estoy pensando _____ hacer un curso de alemán. Siempre lo quería aprender.

8 No estoy contento con el servicio del hotel. Voy a quejarme _____ sus servicios.

9 Mi padre se preocupa mucho _____ mi hermano menor y su futuro.

10 En las últimas vacaciones fuimos _____ Argentina y disfrutamos mucho _____ clima, y comida.

11 No te preocupes mucho _____ perder el avión. No tardaremos más _____ llegar al aeropuerto.

12 ¿_____ quién se casó su hermano?

13 Habla sin darse cuenta _____ lo que dice.

14 Pronto, te acostumbrarás _____ la vida nueva. Ya verás.

15 Anoche soñé _____ Antonio Banderas.

16 Es importante cuidar _____ sí mismo.

17 Primero, voy a cambiarme _____ ropa y luego salir.

18 Cada día rezo _____ la salud de mi familia.

19 El otro día me encontré _____ el marido de Carmen.

20 Quiero invitaros _____ la fiesta de Quinceañera de mi hermana.

Respuestas (Answers): www.hoddereducation.com/IBextras

Otras preposiciones: *por* y *para*

Estos son algunos usos / algunas diferencias entre *por* y *para*. En teoria, puede que haya más usos diferencias.

Por	Para
Causa *La reunión se canceló por la lluvia.*	**Finalidad / meta** *Necesitas estudiar para sacar buenas notas.*
Lugar (aproximado) *¿Hay un restaurante por aquí?* **Lugar (a través de)** *Si pasas por mi casa, llámame.*	**Lugar hacia donde se va** *Mañana saldré para España.*
Tiempo aproximado *Iré a México por las vacaciones de Navidad.*	**Plazo / fecha tope** *Necesitas terminar este trabajo para mañana.*
Distribución de tiempo *Hago footing cuatro veces por semana.*	**Destinatario** *Quiero comprar un móvil para mi madre.*
Cambio / precio *Pagó unos 50 euros por esta camisa.* *Quiero cambiar esta por la otra.*	
Agente de voz pasiva *La película fue dirigida por Rafael Ángel.*	
Medios de comunicación *Te voy a mandar los documentos por e-mail.*	

▉ *Por* o *para*

2 Pon *por* o *para*.

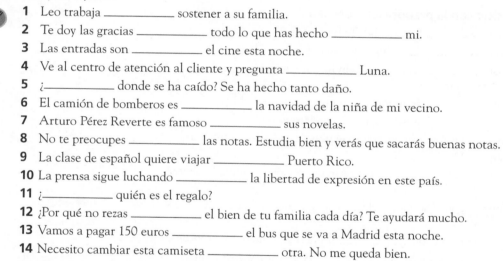

1 Leo trabaja _____ sostener a su familia.

2 Te doy las gracias _____ todo lo que has hecho _____ mi.

3 Las entradas son _____ el cine esta noche.

4 Ve al centro de atención al cliente y pregunta _____ Luna.

5 ¿_____ donde se ha caído? Se ha hecho tanto daño.

6 El camión de bomberos es _____ la navidad de la niña de mi vecino.

7 Arturo Pérez Reverte es famoso _____ sus novelas.

8 No te preocupes _____ las notas. Estudia bien y verás que sacarás buenas notas.

9 La clase de español quiere viajar _____ Puerto Rico.

10 La prensa sigue luchando _____ la libertad de expresión en este país.

11 ¿_____ quién es el regalo?

12 ¿Por qué no rezas _____ el bien de tu familia cada día? Te ayudará mucho.

13 Vamos a pagar 150 euros _____ el bus que se va a Madrid esta noche.

14 Necesito cambiar esta camiseta _____ otra. No me queda bien.

15 Ella optó _____ no asistir a la reunión _____ evitar conflictos.

▉ Un poco más: *por* o *para*

3 Pon *por* o *para*.

1 Salgo _____ Panamá mañana por la mañana.

2 Todo lo que hago es _____ mí.

3 Te mandaré los documentos _____ correo electrónico en cuanto llegue a casa.

4 Estudié alrededor de 25 horas _____ semana.

5 Necesito mi portátil _____ trabajar.

6 Obtuvo su DELE _____ sus excelentes puntos.

7 Cristóbal Colón llegó al continente Americano pasando _____ las islas Canarias.

8 El libro fue traducido al francés _____ Leandro.

9 La princesa fue recibido _____ los reyes.

10 La mayoría del colegio ha votado _____ Carmen como presidenta del consejo estudiantil.

Preposiciones mezcladas

4 **Completa con la preposición adecuada.**

Se puede utilizar unas preposiciones más de una vez.

a	de	en	por	para	con	desde	hasta	sin	sobre	hacia	antes de	después de	al	entre

1 _____ semana trabajamos _____ las 9.00 _____ las 6.00 de la mañana.

2 No quiero ir _____ ningún sitio _____ ella. Es una pesada.

3 Estoy _____ el colegio. Me iré _____ las 2.00 o 3.00 de la tarde.

4 ¿Por qué no intentas ir _____ pie al colegio? No está muy lejos.

5 Siempre vamos al centro _____ autobús.

6 No ha comido nada _____ ayer.

7 Se ha quedado _____ palabras _____ que ha oído la noticia de la muerte de su abuelo.

8 ¿_____ cuando van a estar tus padres aquí?

9 Deberías de saberlo. _____ yo lo sé.

10 No les permito comer a los alumnos _____ las clases.

11 Mañana vamos _____ las montañas. El paisaje es precioso.

12 _____ terminar los deberes, puedes ir a jugar.

13 Dieciséis _____ cuatro igual _____ cuatro.

14 Este juego consiste _____ adivinar la palabra.

Los conectores

Los conectores

5 **Rellena el ejercicio con el conector adecuado. En algunas frases, hay dos posibilidades.**

Se puede utilizar unos conectores más de una vez.

como	porque	por eso	pero	aunque	hasta que	cuando	tan pronto como	para que
	por lo tanto	pues	sino	sino que	no sólo … sino también	mientras		

1 Te lo digo _____ lo sepas con antelación.

2 No me gusta este _____ el otro.

3 _____ no me encontraba bien, no te llamé ayer.

4 Te lo dije _____ lo supe.

5 Voy a ir a pasear _____ haga buen tiempo.

6 No salió _____ no terminó su trabajo.

7 Sabía que no me ibas a creer. _____ no te lo dije.

8 No solo limpiaron su habitación _____ arreglaron toda la casa.

9 _____ estaba cansada, fui a la fiesta de su cumpleaños.

10 Mi madre preparaba la comida _____ yo estudiaba en la sala de estar.

11 _____ llegaron los invitados, la comida ya estaba en la mesa.

12 Se lo dije _____ no me hizo caso.

13 Nunca come _____ no llega su padre. Le encanta cenar con su padre.

14 Me mentiste, _____ ahora paga las consecuencias.

15 Estaba liada y _____ no pudo hablar contigo cuando le llamaste.

Respuestas (Answers): www.hoddereducation.com/IBextras

26 Algunas expresiones idiomáticas y falsos amigos

Algunas expresiones con el verbo *ir*

1 Une las siguientes expresiones con sus significados.

1	ir de copas	**a**	viajar en un barco
2	ir de tapas	**b**	salir
3	ir de compras	**c**	salir a comer algo
4	ir de crucero	**d**	salir de compras
5	ir de marcha	**e**	salir a beber algo

Algunas expresiones en relación con la salud

2 Une las siguientes expresiones con sus sentidos.

1	estar pachucho/a	**a**	comer en exceso
2	tener mala cara	**b**	no ir a trabajar porque está enfermo
3	estar para el arrastre	**c**	sentirse un poco enfermo
4	ponerse morado/a	**d**	parecer enfermo
5	estar de baja	**e**	estar muy cansado

Algunas expresiones con animales

3 Une las siguientes expresiones con sus sentidos.

1	ser un ratón de biblioteca	**a**	no gastar mucho
2	ir a paso de tortuga	**b**	ser astuto
3	comer como un pajarito	**c**	ir muy despacio
4	ser una hormiguita	**d**	comer muy poco
5	ser un lince	**e**	estudiar mucho

Algunas expresiones con colores

4 Une las siguientes expresiones con sus sentidos.

1	estar sin blanca	**a**	no saber mucho de un tema
2	verlo todo de color rosa	**b**	cuando una persona se siente muy avergonzada
3	ponerse negro/a	**c**	verlo todo de manera optimista
4	ponerse rojo como un tomate	**d**	enfadarse mucho
5	estar verde	**e**	estar sin dinero

Algunas expresiones en relación con el trabajo

5 Une las siguientes expresiones con sus sentidos.

1	hacer pirola	**a**	trabajar en equipo
2	estar a tope de trabajo	**b**	no hacer nada
3	estar liado/a	**c**	faltar a una clase sin ningún motivo justificado
4	estar de brazos cruzados	**d**	tener demasiado trabajo
5	trabajar codo con codo	**e**	estar muy ocupado

Los falsos amigos

En español, existen palabras que parecen a otras palabras de diferentes idiomas. Se llaman "falsos amigos" o falsos "cognados".

6 Aquí hay una lista. Busca el significado de las siguientes palabras con la ayuda de un diccionario o de tu profesor y une los falsos amigos con sus significados correctos.

Esta palabra	Se confunde con esta	Pero significa
actualmente	participar	despoblado
asistir	presentar	papelería
suceso	biblioteca	incluir
ropa	postre	emotivo
realizar	contender	responder
embarazada	avergonzado	suceso
soportar	sensitivo	ayudar
introducir	extraño	evento
contestar	éxito	grande
largo	apoyar	gestante
bizarro	cuerda	valiente
éxito	salida	hoy en día
sensible	darse cuenta	hacer
librería	longo	vestido
desierto	en realidad	tolerar

Respuestas (Answers): www.hoddereducation.com/IBextras

27 Más tareas escritas

▨ Un correo electrónico a tu madre

1 En la página 22 del libro del estudiante, has visto una página web
sobre la familia Alcántara. Ahora imagínate que eres estudiante y vives
con una familia en Perú. Escribe un correo electrónico a tu madre para
explicarle cómo es tu "nueva familia", cuántas personas hay, qué hacen,
cómo son, etc. Escribe entre 80 y 150 palabras. Puedes usar el árbol
genealógico de la página 16 del libro del estudiante para ayudarte.

De: ....

A: ....

Fecha...

Asunto: ....

....

....

....

....

....

....

....

....

....

....

....

....

....

▨ El consejo estudiantil

2 Eres miembro del consejo estudiantil de tu colegio y quieres ayudar
a los nuevos estudiantes. El consejo ha decidido crear un folleto para
dar consejos para sobrevivir en tu escuela durante los primeros días sin
enfrentar dificultades. Tienes que pensar en cómo se siente un alumno
en sus primeros días en un colegio nuevo. Puedes usar el modelo de la
página 316 del libro del estudiante para ayudarte. Escribe 120 palabras.

Los lugares importantes	Las personas a las que se debe conocer	Otras cosas ;-)

Un concurso (1)

3 En un concurso, has ganado un crucero de una semana en algunas islas de Latinoamérica. Escribe un correo electrónico (entre 80 y 120 palabras) al director del concurso para dar las gracias. También puedes comunicar la destinación exacta, cuándo quieres viajar y las razones por elegir estas islas.

De: ....

A: ....

Fecha...

Asunto: ....

....

....

....

....

....

....

....

....

....

....

....

Un concurso (2)

4 Haz un póster para anunciar un gran concurso para ir a España (150 palabras). Describe España (sus maravillas, su historia, etc.) para que el póster sea atractivo. Describe el concurso, cuáles son las condiciones de participación (edad, datos personales, dónde enviar la respuesta al reto, etc.). No te olvides de mencionar los premios para los ganadores.

¡Descubre España!

Respuestas (Answers): www.hoddereducation.com/IBextras

Las redes sociales

5 Estás harto/a de la manera con la que las personas interactúan en las redes sociales. Por ejemplo, se permite hacer comentarios humillantes siempre porque son anónimos. Escribe una entrada de blog (150 palabras) para defender tu punto de vista sobre esta actitud y qué se puede hacer para combatirla (consejos, sugestiones, etc.). Usa tus experiencias.

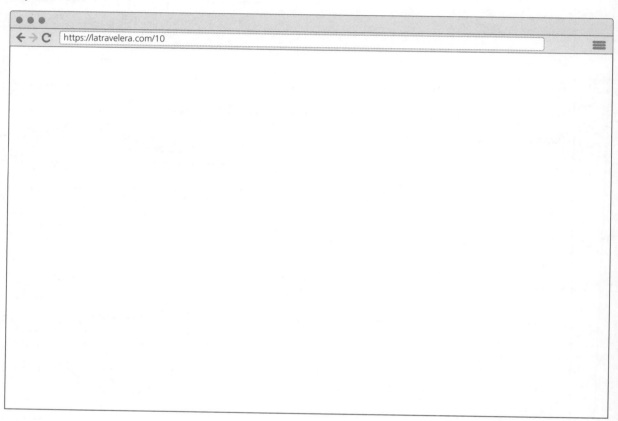

Libros electrónicos

6 Has decidido dejar de leer libros en papel y empezar a leer libros electrónicos. Por eso quieres vender toda tu colección de libros. Escribe un anuncio (al menos 70 palabras) para organizar la venta en tu apartamento. Puedes usar el modelo de la Unidad 19 de este libro para ayudarte.

Puedes escuchar la conversación sobre el libro digital (pista 9) de la página 200 del libro del estudiante para ayudarte.

Una postal para tu amigo/a

7 Escribe una postal a tu amigo/a por correspondencia. Explica lo que has visto hoy en el museo del Prado que has visitado. Escribe entre 80 y 100 palabras.

El ciberacoso

8 Durante un discurso, el Ministro de Educación demandó a los estudiantes que ayuden a luchar contra el ciberacoso (*cyber-bullying*). Escribe una entrada en el blog de tu escuela en la que pides apoyo para empezar acciones contra el ciberacoso en tu colegio. No olvides de pedir comentarios a tus lectores. Escribe entre 120 y 150 palabras.

http://colegiodequito.blogspot.com/

Respuestas (Answers): www.hoddereducation.com/IBextras

La galería del arte

9 Eres el director de una nueva galería del arte contemporáneo y en una semana será la inauguración. Necesitas invitar de manera formal a toda la gente para que el evento tenga éxito. Escribe 120 palabras.

Notables señores...

Un deber muy urgente

10 Has olvidado tu cuaderno de geografía en la escuela. Tienes una tarea muy urgente, y a estas horas la escuela está cerrada. Deja una nota a tus padres para explicarles la razón por la que no estarás en casa cuando regresen. Escribe entre 50 y 80 palabras.

¡Hola!

La casa del futuro

11 **Has visitado una exposición sobre la casa del futuro y la exposicion te dejó estupefacto. Escribe una carta a tus sobrinos describiendo las evoluciones que viste en la exposición y tus impresiones acerca de ellas. Escribe entre 120 y 150 palabras.**

Mis queridos sobrinos:

Malas noticias

12 **Has recibido malas noticias esta mañana. Uno de tus amigos está muy enfermo, y tiene que dejar su colegio en la mitad del curso académico. Confía en tu diario lo que no puedes decirle, tus emociones, tus preguntas, cómo te sientes y de qué manera quieres ayudarle. Escribe entre 120 y 150 palabras.**

Querido diario:

Respuestas (Answers): www.hoddereducation.com/IBextras

Tu grupo favorito

13 En un concurso has ganado una entrada para asistir al concierto de tu grupo de rock favorito. Además, tendrás la oportunidad de pasar una hora con ellos y puedes realizar una entrevista con ellos. Esta entrevista aparecerá en la revista de tu colegio. Ten en cuenta que la leerán los alumnos y sus padres.

Entrevista con ....

Las injusticias sociales

14 Imagina que es 2019 y eres un activista y periodista que defiende las injusticias sociales. Escribe un artículo sobre el movimiento de los chalecos amarillos, quiénes son, por qué luchan, cuáles son sus objetivos y la razón por la que piensas que es importante combatir las desigualdades. Utiliza el siguiente enlace para ver un sitio acerca de los chalecos amarillos: tiny.cc/5xke9y

Escribe entre 120 y 150 palabras.

Los chalecos amarillos

28 Repaso general

Ejercicios de manipulación de textos

Texto 1

1 **Rellena el texto con las palabras adecuadas del cuadro.**

> seguro   horarios   suele   aire libre   lugar   edad   estilo

España es un país ideal para cualquier .... (1). Existen numerosas

razones que convierten a España en un .... (2) muy atrayente para

los adolescentes. En España el entorno .... (3) ser espontáneo

e informal y eso facilita las relaciones entre adolescentes. Además, los

.... (4) son algo más relajados en España que en otros países,

lo que siempre les resulta más agradable y acorde con sus ritmos

naturales. Con un .... (5) de vida que se desarrolla sobre todo al

.... (6), los adolescentes disfrutarán de amplia libertad pero sin

nada que temer, pues España es un país enormemente .... (7).

Texto 2

2 **Rellena el texto con las palabras adecuadas del cuadro.**

> librerías   recreativa   estilos   recorrer   hasta   encuentran   centros
> comerciales   conocida

La gran capital de Argentina es .... por su vasta oferta cultural y

.... que agita los barrios los 365 días del año durante el día y la

noche: el Teatro Colón y pequeños teatros experimentales, ...

antiguas y nuevos centros culturales; más de 100 museos y galerías de

arte; enormes ferias artesanales y modernos ....; cafés históricos;

complejos para disfrutar del tango y las milongas; discotecas y bares con

música internacional; restaurantes de todos los ...., casinos y los

más apasionados partidos de fútbol, ... su lugar en esta gran

metrópolis. Se puede .... la ciudad caminando sus barrios, yendo

desde los más tradicionales como San Telmo, La Boca, Congreso o Abasto,

.... los más señoriales como Recoleta o Belgrano, pasando por

los más modernos como Puerto Madero o Palermo, cuna del diseño de

vanguardia.

https://www.viviargentina.tur.ar/#!/region/5915e07079b15f002f3eec07/
5915e05d79b15f002f3eec01

99

Respuestas (Answers): www.hoddereducation.com/IBextras

Práctica los relativos y los pronombres en contexto

Texto 3

El 83,4% de los españoles consideran que existe el cambio climático, según el barómetro de noviembre de 2018 del CIS. Eso significa que hay más de un 16% de españoles que todavía no lo tiene claro. Si "efecto invernadero" te suena a una banda de pop español, eres uno de los que no lo tienen claro.

3 ¿A qué se refiere lo en la tercera línea?

_____

4 ¿A qué se refiere los que en la última frase del texto?

_____

Texto 4

Karoline también quería disipar los mitos sobre los "atracones de aprendizaje" a los que se suelen someter algunos estudiantes: "Esto se da cuando tienes un examen muy importante y tratas de aprender y memorizar todo lo que puedes.

5 ¿A qué se refiere los que en la segunda línea?

_____

Texto 5

Seis de cada diez latinoamericanos escuchan música grabada, el 27% lo hace cada día. Los que más lo hacen por semana son: Venezuela (40%), Argentina (30%), Paraguay (28%) y Brasil (27%).

6 ¿A qué se refiere lo en la primera frase?

_____

7 ¿A qué se refiere los que en la segunda frase?

_____

Textos 3 a 5 adaptados de: https://elpais.com/hemeroteca/elpais/2015/10/24/m/portada_america.html

Texto 6

8 **Rellena los huecos con las palabras adecuadas.**

> fuente   grandes   pobladas   por lo tanto   habitualmente

Los seísmos que se producen en Chile son diferentes a los que

.... (1) causan catástrofes en el resto del mundo, como el que

destrozó el centro de Italia en agosto de 2016. "Estos terremotos son

más .... (2) en magnitud, pero la ruptura se produce a unos

30 o 50 kilómetros de profundidad y costa afuera. .... (3),

aunque liberan mucha energía, la .... (4) está más lejos de las

zonas .... (5) y eso hace que las ondas sísmicas se atenúen

en el camino", explica Sergio Sepúlveda, académico de Geología de la

Universidad de Chile.

9 **¿A qué se refiere el que en la segunda línea?**

_____

Texto 7

10 **Rellena con las palabras que faltan.**

> sino   favorecer   paisaje   libre   camino   aunque   diariamente

.... (1) Costa Rica ha sido un ejemplo para el mundo al revertir la

deforestación y duplicar su cobertura forestal de un 26% en 1984, hoy en

día un 20% de las 4.000 toneladas de residuos sólidos que se producen

.... (2) no se recolectan y acaban siendo parte del .... (3)

de ríos y playas costarricenses. Esta realidad no solamente afecta a Costa

Rica, ... (4) al mundo entero. Se estima que de seguir los

patrones de consumo actuales, para el 2050 habrá más plástico en nuestros

océanos que peces –medidos en peso–. Por tal razón hemos iniciado el

.... (5) para convertir a Costa Rica en una zona .... (6) de

plástico de un solo uso. Para .... (7) estos cambios se requiere el

apoyo de todos los actores sociales, económicos y gubernamentales.

101

Respuestas (Answers): www.hoddereducation.com/IBextras

▪ Texto 8

11 **Rellena con las palabras que faltan.**

así como   diversos   recaudar   caridad   barreras   lleno
conocida   carrera

Sofía Vergara, la .... (1) actriz colombiana, nació en 1972 en
Barranquilla, Colombia. Desde entonces ha crecido hasta convertirse en una
actriz y modelo reconocida a nivel internacional, derribando .... (2)
culturales y estereotipos en los EE.UU. Vergara comenzó su .... (3)
–como modelo cuando aún era adolescente. Este encuentro fortuito <u>la</u> llevó
a .... (4) trabajos como modelo y la televisión llegó a continuación.
A los 20 años, comenzó a presentar un programa de viajes transmitido
en toda América Latina, ... (5) EE.UU: *Fuera de Serie*. Aunque
es una estrella de Hollywood, con un horario .... (6), también
ha dedicado tiempo a ayudar a los menos afortunados, participando
activamente en muchas causas filantrópicas. También ha participado en
una campaña con el objetivo de .... (7) dinero para el tratamiento
y la investigación del cáncer infantil. Ella sufrió de cáncer cuando tenía 28
años; dijo: "<u>él</u> me hizo poner los pies en el suelo y darme cuenta de las
cosas que son importantes". Parece que las contribuciones a sus campañas
de .... (8) han marcado una diferencia y es un ejemplo a seguir
para muchos.

12 **¿A qué se refiere <u>la</u> en la línea 5?**

_____

13 **¿A qué se refiere <u>él</u> en la línea 14?**

_____

Texto 9

Esther Meneses lleva 15 años trabajando en el Colegio Distrital Alfonso López Pumarejo, en Bogotá. Es maestra de primaria y, por ello, dicta todas las clases, a excepción de Inglés y Tecnología. Dice que eso es bueno porque le permite conocer a los estudiantes integralmente, sin embargo, era difícil entenderlos, comprender por qué algunos eran agresivos, por ejemplo. Ese año apareció en su colegio el programa Aulas en Paz, un programa que busca brindar estrategias pedagógicas concretas para profesores, estudiantes, padres y madres de familia. La dinámica comienza con los profesores, que reciben capacitaciones sobre competencias ciudadanas, manejo del conflicto, clima del aula y promoción de empatía.

"A mí me llamó mucho la atención el programa porque eso era lo que yo necesitaba: manejar el salón creativamente, dar una clase sin tantas interrupciones. Además, porque la violencia doméstica es muy fuerte y con eso hay que tratar. Con Aulas en Paz hice un alto, me di cuenta de que podía preguntarle a los niños qué les enfadaba, por qué estaban molestos, era un espacio para reflexionar" cuenta mientras mira su libreta con sus apuntes del programa.

https://www.elespectador.com/colombia2020/pedagogia/
maestros-que-llevan-la-paz-las-aulas-articulo-856338

14 ¿A qué se refiere le en la línea 4 del primer párrafo?

_____

15 ¿A qué se refiere algunos en la línea 5 del primer párrafo?

_____

16 ¿A qué se refiere un espacio en la penúltima frase del segundo párrafo?

_____

17 Encuentra palabras en el texto que son sinónimos de las siguientes palabras:
- enseñar_____
- formación_____
- obstáculos_____

Respuestas (Answers): www.hoddereducation.com/IBextras

Acknowledgements

The publishers would like to thank the following for permission to reproduce copyright material:

p.75 Adaptado de hogarutil.com. Recetas del mundo, miércoles, 18 de marzo de 2015. www.rinconprofele.com/2015/03/recetas-del-mundo.html.; **p.83** La canción "Bohemian Rhapsody" (1975) del grupo británico Queen se ha convertido en la canción más escuchada del siglo XX, según señaló Universal Music Group (UMG) en un comunicado. Reprinted with the permission from Agencia EFE S.A.U, S.M.E Dirección Comercial Avda. Burgos 8 B 28036 Madrid www.efe.com; **p.99** Extract from Vivi Argentina https://www.viviargentina.tur.ar/#!/region/5915e07079b15f002f3eec07/5915e05d79b15f002f3eec01?lang=es. Used as per Creative Commons CC BY 2.5 AR Argentina and intenational CC BY 4.0 licenses.; **p.100** portada america, EDICIONES EL PAÍS. Adapted from: https://elpais.com/hemeroteca/elpais/2015/10/24/m/portada_america.html; **p.103** Source: El Espectador/Journalist: Beatriz Valdés Correa. 2018 / Communican S. A. / https://www.elespectador.com/colombia2020/pedagogia/maestros-que-llevan-la-paz-las-aulas-articulo-856338

Every effort has been made to trace all copyright holders, but if any have been inadvertently overlooked the Publishers will be pleased to make the necessary arrangements at the first opportunity.

Although every effort has been made to ensure that website addresses are correct at time of going to press, Hodder Education cannot be held responsible for the content of any website mentioned in this book. It is sometimes possible to find a relocated web page by typing in the address of the home page for a website in the URL window of your browser.

The authors

Monia Voegelin:

I would like to thank Rafael Ángel for believing in me from day one, making me grow and giving me the opportunity to write this workbook. Thank you Kasturi Bagwe for agreeing to collaborate with me on this crazy challenge, and for tolerating me and my constant kicks. So-Shan Au, Debbie Allen, Emilie Kerton, thank you for your support, for answering our queries and helping us throughout the process. Finally, I must thank all my friends who supported and encouraged me during these eight months.

Kasturi Bagwe:

I would like to thank Rafael Ángel for inspiring me and giving me a different lens for teaching a foreign language. I could not have been able to do this without my friend and co-author Monia Voegelin for her unconditional support and motivation. I would like to acknowledge all the Spanish educators Blanca Dean, Anuya Naik, Maribi Muñez and Carmen Gil who have always encouraged me and empowered me.

Photo: page 10 © Alexander Tamargo/Getty Images

Hachette UK's policy is to use papers that are natural, renewable and recyclable products and made from wood grown in well-managed forests and other controlled sources. The logging and manufacturing processes are expected to conform to the environmental regulations of the country of origin.

Orders: please contact Hachette UK Distribution, Hely Hutchinson Centre, Milton Road, Didcot, Oxfordshire, OX11 7HH. Telephone: +44 (0)1235 827827. Email education@hachette.co.uk. Lines are open from 9 a.m. to 5 p.m., Monday to Friday. You can also order through our website: www.hoddereducation.com

© Kasturi Bagwe and Monia Voegelin 2019

Published by Hodder Education,
An Hachette UK company
Carmelite House
50 Victoria Embankment
London EC4Y 0DZ
www.hoddereducation.com

Impression number   9

Year   2024

Cover photo © design picspremium - stock.adobe.com

Typeset by Integra Software Services Pvt. Ltd., Pondicherry, India

Printed in the UK

A catalogue record for this title is available from the British Library.

ISBN 978 1510 454347

HODDER EDUCATION

e: education@hachette.co.uk

w: hoddereducation.com

WORLD
LAND
TRUST™

www.carbonbalancedprint.com
CBP2250

ISBN 978-1-510-45434-7

9 781510 454347

MIX
Paper | Supporting
responsible forestry
FSC™ C104740